古典文獻研究輯刊

二一編

潘美月・杜潔祥 主編

第 5 冊

元代文選學研究

羅琴 著

國家圖書館出版品預行編目資料

元代文選學研究／羅琴 著 -- 初版 -- 新北市：花木蘭文化出版
社，2015〔民 104〕
序 2+ 目 2+206 面；19×26 公分
（古典文獻研究輯刊 二一編；第 5 冊）
ISBN 978-986-404-343-9（精裝）
1. 文選學 2. 元代
011.08   104014540

ISBN- 978-986-404-343-9

9 789864 043439

古典文獻研究輯刊
二一編 第五冊   ISBN：978-986-404-343-9

元代文選學研究

作　　者　羅琴
主　　編　潘美月　杜潔祥
總 編 輯　杜潔祥
副總編輯　楊嘉樂
編　　輯　許郁翎
企劃出版　北京大學文化資源研究中心
出　　版　花木蘭文化出版社
社　　長　高小娟
聯絡地址　235 新北市中和區中安街七二號十三樓
　　　　　電話：02-2923-1455／傳眞：02-2923-1452
網　　址　http://www.huamulan.tw 信箱 hml810518@gmail.com
印　　刷　普羅文化出版廣告事業
初　　版　2015 年 9 月
全書字數　121581 字
定　　價　二一編 16 冊（精裝）新台幣 30,000 元

元代文選學研究

羅琴 著

作者簡介

羅琴，四川樂山夾江人。1987 年 9 月生。2006 年至 2010 年就讀於四川大學文學與新聞學院漢語言文學基地班。2010 年至 2013 年就讀於北京師範大學古籍與傳統文化研究院中國古典文獻學專業。2013 年至今，就讀於復旦大學古籍整理研究所中國古典文獻學專業。曾發表論文《兩漢巴蜀文學系年要錄》、《〈文選·二京賦〉薛綜注真偽辨》、《陳仁子〈文選補遺〉初探》、《〈全宋文〉補〈宋朝方志考〉例證》等。

提　　要

　　本書系統研究了元代文選學的發展情況。

　　第一章以專人專書的形式研究了方回的《文選顏鮑謝詩評》和《虛谷評五謝詩》版本，探討二者關係，認為二書同出一源，只是輯錄者根據個人的需求各有刪削，並用不同方式加以編排，總結二書的特色與價值。第二章研究陳仁子及其《文選補遺》，介紹了陳仁子的家世生平和著述，《文選補遺》的七種版本情況，論述了歷代對此書的評價，總結了《文選補遺》的六個特點、自亂體例的八大表現，認為陳仁子對此書用力不勤。第三章研究劉履及其《風雅翼》。考證劉履的家世和生平、交遊，詳細研究劉履《風雅翼》從明到清的十五種版本，介紹了歷代對《風雅翼》的評價，最後總結了本書三大特徵。第四章研究《文選》在元代的刊刻。包括陳仁子刻茶陵本《文選》和池州路張伯顏刻李善注《文選》。第五章筆者根據以上研究，對元代文選學做了再評議。分別從元代文選學之刊刻成就、注釋得失、開評點一派、興廣續之風、重理學特徵幾方面加以總結評價。最後附錄分三部分。一是《虛谷評五謝詩》僅有文字。二是收錄了《文選顏鮑謝詩評》、《文選補遺》、《風雅翼》三種書的幾十篇序跋原文。三是收錄了各書幾十張清晰書影。

　　本書特點有三：一是文獻收集全而新，如用尚不為人關注的海內孤本《虛谷評五謝詩》，又如大量收集原書序跋、書影。二是注重版本考訂，特別是對《風雅翼》一書的版本經眼、考訂，可謂詳盡。三是以客觀態度研究對象，不刻意拔高，如通篇對元代選學之評價。

序

　　元代文選學，承宋而又有所發展，概而言之，厥有三端。一爲《文選》刊刻。大德三年，茶陵陳仁子刻《增補六臣注文選》六十卷於古迂書院，此爲翻南宋建陽刊李善五臣注本《文選》，版式多類建本，楷書精雅，姿媚橫生，爲元刻本中之佳品。書名冠以「增補」者，非對原書有增補也。凡李善注中原作「已見上」者，陳氏概復出之，以免讀者翻檢之勞，又該書目錄前諸序表外冠《諸儒議論》一卷，或爲「增補」取名之故也。延祐七年，奉政大夫池州路同知張伯顏刊李善注本《文選》六十卷於貴池，此爲翻宋淳熙八年尤袤貴池本李善注《文選》。字體爲趙松雪體，含鍾繇流動筆意，爲僅次於尤刻本的李善注本《文選》刊本。二爲《文選》評點。方回《顏鮑謝詩評》和《虛谷評五謝詩》二書，開《文選》評點之先。方回評點，重考證，標句眼，串釋文意，並注重詩歌藝術特色。劉履《風雅翼》一書包含三部分，其一爲《選詩補註》八卷，取漢至齊梁人詩凡二百四十六首，其中《文選》詩二百十二首，新增陶淵明、酈炎、曹植、阮籍，凡三十四首。選詩去取大旨本真德秀《文章正宗》，體例從朱熹《詩集傳》，每章分賦比興，訓釋本五臣、宋曾原一《選詩演義》，每詩有箋釋有議論，其箋釋議論亦頗詳贍，頗便初學。三爲《文選》補遺。茶陵陳仁子編有《文選補遺》四十卷，收先秦至梁各類文體八百五十一首，按三十四類分別輯鈔。是書也，歷代評價不高，蓋因其纂例不嚴，用力不勤，倉促成書之故也。劉履《風雅翼》之後兩部分，爲《選詩補遺》二卷，《選詩續編》四卷，此爲補續《文選》之作。《選詩補遺》輯上古至魏晉古歌謠四十二首，《選詩續編》取唐宋十三人詩詞一百五十九首。《風雅翼》一書，集選補廣續於一身，體例雖然駁雜，然其亦爲元代文選學之一

大特色也。五年前，羅琴君就讀北師大，攻讀碩士學位，選擇元代文選學爲專攻方向，幾易寒暑，書稿已殺青，其用力之勤，創獲之豐，無煩辭費。見智見仁，讀者必有所得。

聊綴數語，弁於書首，權且作序。

羅國威

二〇一五年七月於四川大學竹林村

目次

緒 論

第一節 《元代文選學研究》選題緣起

一、《文選》及文選學的重要性

　　在詩文爲正統的傳統文學觀念下，《文選》作爲中國古代較早的文學總集，歷來爲人們高度重視，專門研究《文選》的學問被稱爲文選學。文選學如今已跨越國界，成爲一門國際性的學問，如日本的斯波六郎、清水凱夫、岡村繁等都是著名的文選學家。在五四時期，革新派攻擊的對象是「桐城謬種」「選學妖孽」，由此可見《文選》及文選學在某種程度上已成爲傳統文化的代名詞之一，其重要性不言而喻。

二、元代文選學研究的不可或缺性

　　文選學在二十世紀相對沉寂了幾十年後，在上世紀最後二十年大放異彩。其研究領域涉及《文選》各種版本、注釋、文論思想、與其他著作（如《文心雕龍》、《詩品》等）的關係。其研究材料更突出了對出土文獻（尤以敦煌《文選》爲代表）、海外文獻（如日本所藏諸多《文選》舊鈔本、刻本）的關注。除此之外，從縱向上對文選學發展脈絡的整理也逐步展開。現今而言，已經出現了研究隋唐兩宋明清近現代文選學的著作，而元代的文選學卻少人問津。造成這種現象的主要原因，一是元代時間相對較短，加上異族統治，傳統觀念一直認爲元代的文選學是一個低落期，以爲元代選學可研究的不多。其次，研究元代文學的人本來不多，加上元代文學本身還有大量其他

空白點可以做，因而願意投身元代文選學研究的人就更少了。而從補充完整
文選學史的角度上，做好元代文選學的研究是非常必要的，這樣一來從隋唐
至現代，對文選學史才有了一個相對完整的梳理。

三、重新評價元代文選學的必要性

　　元朝作爲一個異族統治的王朝，歷來不爲國人所重視，或者說是國人潛
意識刻意避免談及這一段歷史。雖然近幾十年，那些甘於坐冷板凳的研究元
代的學者不斷呼籲元代的重要性，但因爲享國太短和漢族文人在元代的尷尬
境遇，元代在國內受到的關注度相對少，相反在國外成爲顯學。後來的漢族
文人談元色變，他們以爲元代是儒生飽受摧殘的一個時代，以至於「元來」
都換成了「原來」。在這種背景下，元代的文選學又會興盛到哪去呢？從現在
的研究上來看，人們對元代選學蜻蜓點水的一過，就得出元代選學衰落平庸
的結論不免草率。試想，如果元代選學果眞平庸，那麼，如何一到明代就進
入了一個高峰，在此之前總有一個孕育階段吧？而且，現今對元代選學研究
主要是方回《文學顏鮑謝詩評》、劉履《選詩補註》的幾篇單篇論文，以及在
一些學位論文、論著被零星提及，因而從深度上和廣度上研究都是不夠的，
基於這樣的研究基礎得出的結論很難讓人信服。因此，在深入研究的基礎上
給予元代文選學一個相對公允的評價是十分必要的。

第二節　元代文選學國內外研究現狀

一、文選學史研究現狀

　　文選學史的研究方面，學者已經用力不少，成果主要有《隋唐文選學研
究》〔註1〕、《宋代文選學研究》〔註2〕、《明清文選學述評》〔註3〕、《現代文
選學史》〔註4〕。從時間縱向上來說，學者們已經對隋唐、兩宋、明清、現代
的文選學史有一個梳理，而沒有專門一部著作或論文對元代的文選學加以梳
理。

　　《隋唐文選學研究》主要研究《文選》成書、早期《文選》音義之學、

〔註1〕汪習波：隋唐文選學研究，上海古籍出版社，2003。
〔註2〕郭寶軍：宋代文選學研究，中國社會科學院出版社，2010。
〔註3〕王書才：明清文選學述評，中國社會科學院2003年博士學位論文。
〔註4〕王立群：現代文選學史，中國社會科學出版社，2003。

李善及李善注成書、李善注的成就、五臣注、《文選集注》幾個方面。

　　《宋代文選學研究》則構建了「大文選學」的框架，從宋代《文選》的編纂、刊刻、傳播、研究、改編與續書幾個方面進行研究，認爲宋代文選學是「文選學平庸時代的不平庸」。所謂「大文選學」，包括文獻研究和文學研究兩部分，這兩部分又叫文選文獻學、文選詮釋學，連接這兩部分的叫文選傳播學。相較於傳統文選學，「大文選學」增加了對編纂、版本、索引、譯介、傳播的關注。這從傳播學角度恰好是一個形成、傳播、影響的系統。本書的研究方法值得借鑒。元代和宋代文選學有相似處，如《文選》注釋方面薄弱，刊刻方面有重要成果。

　　《明清文選學述評》選取明代文選學中的評點、考據兩派加以深入研究，並分別以孫鑛、顧炎武的文選學研究爲例；在對清代文選學的研究上，主要是個案研究，包括何焯、汪師韓、孫志祖、張雲璈、胡克家、梁章鉅、朱珔、胡紹瑛、李審言。

　　《現代文選學史》主要從現代文選學對傳統文選學的繼承和發展角度，以及《文選》研究的各個方面總結近現代的文選學成就。比如從《蕭統年譜》研究、《文選序》研究、《文選》成書研究、《文選》與他書關係研究、版本研究、注釋研究、分體研究、文本研究等方面加以論述。

　　進行斷代分期研究的還有《論隋唐文選學興起之原因》〔註5〕《論宋代文選學衰落之原因》〔註6〕《清代的文選學》〔註7〕。

　　然而至今沒有一部著作或者文章專門系統論述元代文選學，因此《元代文選學研究》有其存在的緊迫性和必要性。

二、元代《文選》版本研究現狀

　　從分類研究的角度，一些專著或學位論文的某些章節對元代文選學的某些方面已經有所涉及，但是從廣度和深度上來說，都不充分。

　　版本方面，簡單梳理元代《文選》版刻情況，但是一般元代只是作爲唐至清間的一小段。

　　日本斯波六郎著《對〈文選〉各種版本的研究》，上編分李善注本、六臣

〔註5〕許逸民：論隋唐文選學興起之原因，文學遺產，2006年第2期，頁29～35。
〔註6〕任竸澤：論宋代文選學衰落之原因，中國文化研究，2007年夏之卷，頁79～92。
〔註7〕江慶柏：清代的文選學，華南師範大學學報，1987第3期，頁107～111。

注本、六家注本三類概述其版本系統及其特色，下編專門研究各舊鈔本，其中涉及元代部分主要是陳仁子茶陵本、張伯顏本及其覆本〔註8〕。

日本神莹德治《茶陵陳仁子刊〈增補六臣注文選〉の宋版本について》，主要探討茶陵本宋刻本的問題〔註9〕。

傅剛《文選版本研究》是迄今爲止研究《文選》版本比較全面的著作，其對元代《文選》版本的考證部分以及羅列的各種書錄中著錄的元代《文選》版本有參考意義〔註10〕。

《文選版本擷英》收錄了諸多《文選》珍貴版本書影，對大部分版本的行款、板式、刊刻情況有所梳理〔註11〕。比如他對劉履《風雅翼》各時期刻本收集相對齊全，除蕭世賢本以外，明代的刻本基本有書影，可惜許多書影不清晰。

《文選版本論稿》考論了《文選》諸多版本的各類細節問題，其中「文選版刻年表」一章列舉了《文選》版本存佚情況。范氏認爲《文選》及相關著作在元代的刊刻有五次，如下表〔註12〕：

西曆	朝代年號	版刻內容	存佚
1299	大德三年	陳仁子茶陵增補六臣注本 60 卷	存
1305	大德九年	伯都刊李善注本 60 卷	佚
		陳仁子刊文選補遺 40 卷	存
1320	延祐七年	張伯顏刊李善注本 60 卷	存
		重刊張伯顏本 60 卷	佚

范氏所言並不準確，陳仁子大德三年刻六臣注《文選》存的是殘卷，不是全六十卷，張伯顏本也只存殘卷。陳仁子《文選補遺》元大德刻本不存。張伯顏延祐七年刊李善注本，延祐七年的時間並不準確。

三、元代文選學專書研究現狀

〔註8〕（日）斯波六郎：對《文選》各種版本的研究/中外學者文選學論集，北京：中華書局，1998，頁849～961。
〔註9〕（日）神莹德治：茶陵陳仁子刊《增補六臣注文選》の宋版本について，けんぶん，1987.6。
〔註10〕傅剛：文選版本研究，北京大學出版社，2000。
〔註11〕范志新：文選版本擷英，貴州人民出版社，2004。
〔註12〕范志新：文選版本論稿，江西人民出版社，2003。

　　學者們多致力於其他朝代的文選學專書研究，而對元代的研究可以說非常少。元代的文選學專書主要是方回《文選文選顏鮑謝詩評》四卷、《虛谷評五謝詩》一卷，劉履《風雅翼》十四卷（包括《選詩補註》八卷、《選詩補遺》二卷、《選詩續編》四卷三部分），陳仁子《文選補遺》四十卷。

（一）關於《文選心訣》的特別說明

　　世存《虞邵庵批點文選心訣》一卷，有學者談及元代文選學時說：「元代有方回《文選顏謝鮑詩評》四卷，劉履《風雅翼》十四卷，虞集、邵庵《文選心訣》一卷。」〔註13〕拋開虞邵庵就是虞集不說，他把《文選心訣》當成了關於元代文選學的重要著作也是不對的。《文選心訣》有明刊本，國圖、上圖藏，另有日本《昌平叢書》本。筆者核對國圖所藏本，發現《文選心訣》跟《文選》毫無關係，收錄的是唐宋韓柳歐曾蘇公父子的序記三十篇，絕對不能算元代的文選學成就。原書雖不易得見，但高儒《百川書志》清楚著錄此書性質：

> 元雍虞集伯生批選韓柳歐曾蘇公父子之作，不具別體，止序記三十篇，以啓後學著作之初也。〔註14〕

《文選心訣》的名稱極具迷惑性，被誤導的不只上面一位前輩，台灣林先生在著錄元代文選學作品時也誤收此書：

> 《文選心訣》一卷，虞集撰，存。《元史新編·藝文志》《補元志》著錄。〔註15〕

今專門說明，題名虞集的《文選心訣》收錄的是唐宋文章，與《文選》毫無關係，絕不屬於元代文選學研究範疇。

（二）方回文選學著作研究現狀

　　方回的文選學著作有《文選顏鮑謝詩評》和《虛谷評五謝詩》兩種。目前的研究集中在第一種，第二種因海內孤本，鮮爲人知。

　　目前對方回《文選顏鮑謝詩評》的研究也是屈指可數，而且研究點主要集中在總結《文選顏鮑謝詩評》的評論特點，以及肯定方回在《文選》評點上的開創之功。

〔註13〕穆克宏：昭明文選研究，人民文學出版社，1998，頁161。
〔註14〕〔明〕高儒：百川書志·卷十九，清光緒至民國間觀古堂書目叢刊本。
〔註15〕林聰明：昭明文選研究，文史哲出版社，1986，頁142。

《〈文選顏鮑謝詩評〉發微》一文，認為方回此書有三大特點，一是發明李注有功選學、二是上掛建安下連唐宋，三是方法得當評價精審。根據第三點，作者進一步總結其評論方法，一曰「考年論人，考時論事」，二曰「分析為人，把握心態」，三曰「比較分析，突出特點」〔註16〕。

《從李善的〈文選〉注到駱鴻凱〈文選學〉──〈昭明文選〉研究管窺》一文論及《文選顏鮑謝詩評》，總結其特點為重視知人論世、顧及創作整體、注重詩歌時代風氣的演變，認為方回開拓了《文選》研究的一條新道路〔註17〕。

馮淑靜《文選詮釋研究》認為《文選顏鮑謝詩評》對明代的《文選》點評是一個良好開端〔註18〕。

王書才《明清文選學述評》在回顧前代的選學成就時，提及《文選顏鮑謝詩評》的開創之功〔註19〕。其《〈文選〉評點第一書──方回〈顏鮑謝詩評〉略論》認為方回此書是《文選》評點的第一書，是比較客觀公正的結論〔註20〕。

以上這些著作關注《文選顏鮑謝詩評》的特點、在文選學史上的價值，都不關注其版本、文獻方面的特色，更沒有意識到《虛谷評五謝詩》的存在。

（三）陳仁子《文選補遺》研究現狀

對於陳仁子《文選補遺》的研究，目前主要停留在對其重道思想的關注和文體思想的探討，以及對明代《文選》補續的影響幾個方面，而這些結論主要出自《明代〈文選〉廣續本與〈文選〉原典的互動》〔註21〕。此文論及《文選補遺》和《風雅翼》的重道傾向，討論了《文選補遺》的文體思想，分析《文選補遺》首先「具有文體學著作的意味」，其次「體目隨篇名而設」，其三「陳本中存在一個文體只錄一人之作的情況」。繼而認為陳書對明代《文選》廣續本有深刻的影響〔註22〕。

〔註16〕詹杭倫：《文選顏鮑謝詩評》發微，樂山師專學報（社科版），1989 年第 3 期，頁 41～47。

〔註17〕宋緒連：從李善的〈文選〉注到駱鴻凱〈文選學〉──〈昭明文選〉研究管窺，遼寧大學學報，1989 年第 1 期，頁 70～73。

〔註18〕馮淑靜：文選詮釋研究，山東大學 2006 年博士學位論文。

〔註19〕王書才：明清文選學述評，中國社會科學院 2003 年博士學位論文。

〔註20〕王書才：《文選》評點第一書──方回《顏鮑謝詩評》略論，語文知識，2002 年第 2 期，頁 4～6。

〔註21〕郝幸仔：明代《文選》廣續本與《文選》原典的互動，徐州師範大學學報（哲學社會科學版），2010 年 11 月，頁 28～33。

〔註22〕同上。

（四）劉履《風雅翼》研究現狀

劉履的《風雅翼》十四卷包括《選詩補註》八卷、《選詩補遺》二卷、《選詩續編》四卷。從現有研究來看，人們或者對《風雅翼》版本、凡例、家學特徵、考證書名有所涉及，或者對《選詩補註》有所關注（認爲《補註》一書有重道傾向、關注五臣注），而對《選詩補遺》、《選詩續編》研究很少。

張劍《劉履著述考》考論了包括《風雅翼》在內的劉履多種著述。在涉及《風雅翼》部分，考證其十二條凡例，論證其著述宗旨，認爲「三書皆以詩教爲根本，具體實踐了理學詩以載道思想。」并對《風雅翼》的版本問題有粗略的論述〔註23〕。

《顧存仁養吾堂刻〈風雅翼〉敍錄》探討了《風雅翼》的家學特徵、成書、題名和作者的問題〔註24〕。

《〈文選〉詮釋史上的一部立異之作——劉履〈選詩補註〉探論》，認爲在李善注占絕對優勢的時代，劉履關注五臣注，顯示出異於他人的取向，認爲這是《選詩補註》的一大特色〔註25〕。其博士論文《文選詮釋研究》，有一部分專門探討了元代《文選》的詮釋，和《文選顏鮑謝詩評》一樣，《選詩補註》「對明代《文選》詩文評點的興盛開啓了一個良好的開端」，並且列舉了一些詩話中和《文選》相關的材料，認爲「文學性詮釋的不斷蘊育是這一時期（宋元時期）詮釋的主要特色。」〔註26〕

郝幸仔《明代〈文選〉廣續本與〈文選〉原典的互動》一文論及《風雅翼》的重道傾向〔註27〕。

小　結

縱觀前代的元代文選學研究，不管是從整體研究上還是從各個類別的研究上，元代文選學研究都明顯不足。首先是缺乏對元代文選學的整體建構，

〔註23〕張劍：劉履著述考，紹興文理學院學報，2009 年第 5 期，頁 77～82。
〔註24〕孫振玉：顧存仁養吾堂刻《風雅翼》敍錄，圖書情報研究，2011 年第 3 期，頁 59～62。
〔註25〕馮淑靜：《文選》詮釋史上的一部立異之作——劉履《選詩補注》探論，理論學刊，2006 年第 1 期，頁 121～122。
〔註26〕馮淑靜：文選詮釋研究，山東大學 2006 年博士學位論文。
〔註27〕郝幸仔：明代《文選》廣續本與《文選》原典的互動，徐州師範大學學報（哲學社會科學版），2010 年 11 月，頁 28～33。

從版本、刊刻、專人專書研究等方面將元代文選學當成一個有機整體來研究。其次是雖然對一些散點問題有涉及，但是在從整個元代社會文化背景方面來分析和探討元代文選學呈現此種發展態勢的深層原因，還涉及得太少。再次，專人、專書研究上，關注度普遍不夠，許多方面還有待深入，比如《虛谷評五謝詩》與《文選顏鮑謝詩評》的關係、劉履生平交遊考察、《風雅翼》版本、《文選補遺》版本、體例特徵、陳仁子刻《六臣注文選》、張伯顏刻《文選》在整個文選學史上的評價等問題，這些正是本文著力之處。

第一章　方回《文選顏鮑謝詩評》 與《虛谷評五謝詩》

第一節　方回生平及著述

　　《文選顏鮑謝詩評》四卷（以下簡稱《顏鮑謝詩評》）、《虛谷評五謝詩》一卷（以下簡稱《五謝詩》），方回撰。方回事蹟主要見於《新安文獻志》卷九五《方總管傳》，因前人對於方回生平交遊等研究已詳，比如《方回年譜與詩選》〔註1〕、《方回的唐宋律詩學》〔註2〕、《方回詩學研究》〔註3〕等等均有涉及，此處從略。

　　方回（1227～1307），宋末元初人，字萬里，號虛谷，別號紫陽山人，安徽歙縣人。三歲而孤，五歲從學於叔父琇，琇精通古文詩律。二十歲從呂午學詩。後受魏克愚之命，監刊魏了翁遺稿。宋景定三年（1262）三十七歲登進士第，曾上書彈劾賈似道。後視事建德府，1276年以建德府歸附於元，入元仍居舊職，五年後解職，遂築虛谷書院。元成宗大德十一年卒於杭，享年八十一歲。方回著述豐富，今存作品主要有《桐江集》、《桐江續集》、《虛谷閑抄》、《續古今考》、《瀛奎律髓》等。方回生命的絕大部分時間生活在宋代，但因為仕元，一般被目為元人。本文將《顏鮑謝詩評》、《五謝詩》歸入元代文選學研究範疇，主要原因是這兩部作品寫在方回晚年入元之後。

〔註1〕毛飛明：方回年譜與詩選，杭州大學出版社，1993。
〔註2〕詹杭倫：方回的唐宋律詩學，中華書局，2002。
〔註3〕邱光華：方回詩學研究，首都師範大學2012年博士學位論文。

第二節　《文選顏鮑謝詩評》與《虛谷評五謝詩》版本考

一、《文選顏鮑謝詩評》版本考

《顏鮑謝詩評》四卷，選取《文選》中顏延之延年、鮑照明遠、謝靈運康樂、謝瞻宣遠、謝朓玄暉、謝惠連、謝混叔源七人所作五言詩，每詩後面有方回評點。此書是四庫館臣修《四庫全書》時，從《永樂大典》中輯出，不見之前任何書目著錄。

《顏鮑謝詩評》皆以鈔本流傳，主要有六。

（一）北京大學所藏清乾隆翰林院鈔本

二冊四卷，為四庫本底本。索書號 LSB/3281。筆者未經眼。

（二）哈佛燕京圖書館藏乾隆癸卯前周永年鈔本

四冊四卷，無行格，半葉九行，行二十字。此書前有「朱學勤」「修白」印。朱學勤（1823～1875），晚清人，字修白。有「述稼」「鄜盦所藏」印。錢桂森（1827～1899），字鄜盦，清末藏書家，其「教經堂」藏書多與翰林院有關。還有「哈佛燕京圖書館珍藏」「燕京大學圖書館」等印。末有朱跋二，一曰：

> 乾隆癸卯春三月初七日，司及蒼名鴻澤自都中來，寄到周林汲
> 兄所鈔本，即攜至黃犢蔽坐檻上觀之，時桃花正放，誧孟記。

乾隆癸卯為 1783 年。周林汲，為周永年（1730～1791）別號，周氏為四庫館臣，所藏當抄自四庫底本。誧孟，孔繼涵（1739～1783）字。第二跋云：

> 光緒辛丑三月，張幼樵同年所得微波榭校本，命予傳錄，復取
> 《文選》參證之，然仍不免有訛字也。封潤趙英華識於金陵張氏之
> 管齋，時四月初三日，陰雨竟日，燈下題此。

光緒辛丑為 1901 年。幼樵，為張佩綸（1848～1903）字。據趙英華跋，此本為孔繼涵校本，此處的「傳錄」有迷惑性，導致有著錄以為此本為光緒間趙英華精鈔本。但其實趙英華只是一個校勘者，此本抄的時間很早。如果是趙英華光緒 1901 年抄，那怎麼會出現朱學勤（1823～1875）、錢桂森（1827～1899）兩個早已故去之人的藏書印。根據兩跋，此書當為乾隆間癸卯前周永年鈔本，孔繼涵乾隆癸卯作記，趙英華光緒辛丑校並跋，考避諱亦合：卷三

《入彭蠡湖口一首》注中有「淳佑」,「淳」不必同治載淳（1862～1874）諱；「寧」字皆不避道光（1821～1850）旻寧諱。而「玄暉」皆作「元暉」避康熙諱。而《顏鮑謝詩評》乾隆修《四庫全書》期間,從《永樂大典》輯出,所以不避道光諱,嘉慶名號又在此書中無,不涉及避諱,再聯繫跋文,便可知此本確實是乾隆周永年鈔本,而非清末鈔本。

（三）《四庫全書》本

四卷。文淵閣本半葉八行,行二十一字〔註4〕。

（四）武大藏清末周貞亮鈔本

周貞亮（1867～1933）。一冊四卷,紅格,四周單邊,單魚尾,魚尾下方有書名,半葉十二行,行二十一字。此本筆者未經眼,僅見卷一卷端書影半葉。

（五）北大藏孔氏嶽雪樓鈔本

四冊三卷。嶽雪樓是孔廣陶（1832～1890）藏書樓。此本首為四庫提要,次為正文。提要第一葉下方鈐「孔氏嶽雪樓影鈔本」。卷一卷端首行題「文選顏鮑謝詩評」次行「卷一」,又次「元 方回 撰」,又次「述德」。正文半葉八行,行二十一字,無行格。版心題「文選顏鮑謝詩評 卷一」。

（六）北師大藏清末劉氏遠碧樓鈔本

二冊四卷,半葉十行,行二十一字,藍格,白口,單藍魚尾,左右雙邊,框高22.3cm,寬14.4cm。版框後半面外左下角有藍字「遠碧樓劉氏寫本」。魚尾上方是「文選顏鮑謝詩評」字樣,魚尾下方是卷數。先錄《欽定四庫全書總目》提要,但末句云「殆作於萬年〔註5〕,所見又進歟。乾隆□年□月恭校上」,同書前提要而不同於《四庫提要》。此處不寫校勘年月,比之現存文淵閣《四庫全書》本書前提要又有錯字,可推測此本為傳抄四庫底本。次為正文。此本「寧」不避諱、「曆」避諱,「玄」作「元」,也有「弦」不缺筆的情況,也有「玄」仍作「玄」的情況。避諱大抵承襲所祖之本而來。

此本開本寬大,有發現錯字者則挖補重寫,用竹紙,無簾紋,有「遠碧樓劉氏寫本」等字樣,乃清末民國間鈔本。

〔註4〕本文所引《文選顏鮑謝詩評》正文,如果不做特別說明,則所據本為清文淵閣《四庫全書》本。

〔註5〕萬：當作「晚」,原誤。

《顏鮑謝詩評》是從《永樂大典》中輯出，所以翰林院鈔本爲其他五個本子祖本，周永年鈔本、四庫本、劉氏遠碧樓鈔本當直接來自於翰林院鈔本。清末周貞亮鈔本、嶽雪樓本又來自以上鈔本。

二、《虛谷評五謝詩》版本考

學者對《顏鮑謝詩評》已有關注，但是筆者這次在排查文獻的過程中，發現國圖還藏有方回另外一種和《顏鮑謝詩評》極爲相似的著作——《虛谷評五謝詩》。此本三冊一卷，半葉十行行十五字，藍格，白口，左右雙邊，索書號：5420。國圖著錄爲明鈔本，外封題「毛子晉藏」，正文首葉也有毛晉藏書印，其他圖書館目前所見再無《虛谷評五謝詩》，此本堪稱海內孤本。然此書不見於清乾隆以前任何書目，或爲汲古閣所藏秘本。

第三節　從《三謝詩》到《文選顏鮑謝詩評》《虛谷評五謝詩》

《顏鮑謝詩評》、《五謝詩》這種截取《文選》某一體裁某些作家作品，另外彙編成冊的做法當有所本。現存文獻中，和它們極爲相似的文獻有宋代的《三謝詩》。《三謝詩》只是將《文選》中三謝的一些詩作編排起來，而方回兩書摘取詩歌而外，更有方氏評點。

一、唐庚《三謝詩》簡述

宋代的《三謝詩》，陳振孫《直齋書錄解題》著錄：

> 《三謝詩》一卷，集謝靈運、惠連、玄暉，不知何人集，《中興
> 書目》云唐庚子西。〔註6〕

唐庚，字子西，《中興書目》當有所本。今存《三謝詩》末有康熙壬辰蔣杲所錄唐庚《書三謝詩後》：

> 江左諸謝詩文見《文選》者六人，希逸無詩，宣遠、叔源有詩
> 不工。今取靈運、惠連、元暉合六十四篇爲《三謝詩》……唐子西
> 書。〔註7〕

〔註6〕〔宋〕陳振孫：直齋書錄解題・卷十五，清武英殿聚珍版叢書本。
〔註7〕〔宋〕唐庚：三謝詩，宋嘉泰四年重修本，據涵芬樓珂羅版毛樣影印，上海古籍出版社，1982。

按：此處六十四篇有誤，當爲六十六篇。唐庚另有《唐子西文錄》，多涉及《文選》內容，比如「三謝詩靈運爲勝，當就《文選》中寫出熟讀，自見其優劣也。」〔註 8〕可見唐子西的確有輯《三謝詩》的動機，《三謝詩》出自唐庚之手，應當不誤。

二、《三謝詩》與《顏鮑謝詩評》、《五謝詩》篇目對照

為了說明《顏鮑謝詩評》、《五謝詩》與《三謝詩》的關係，筆者對三種書收錄的篇目做了詳細的統計，詩歌順序依《顏鮑謝詩評》，Y 表示收錄這首詩歌，N 表示不收錄。

表一：三書收錄詩歌篇名表

顏鮑謝詩評	三謝詩	五謝詩	備註
述祖德詩二首（謝靈運）	Y	N	二首
九日從公戲馬臺集送孔令詩一首（謝瞻宣遠）	N	Y	《五謝詩》多作者小傳約130 字
九日從宋公戲馬臺集送孔令詩一首（謝靈運）	Y	N	
王撫軍庾西陽集別時爲豫章太守庾被徵還東一首（謝宣遠）	N	Y	《五謝詩》多解題約 170 字
鄰里相送方山詩一首（謝靈運）	Y	N	
新亭渚別范零陵詩一首（謝朓玄暉）	Y	Y	《五謝詩》多作者小傳 220 字
張子房詩（謝宣遠）	N	Y	
秋胡詩一首（顏延年）	N	N	
五君詠（顏延年）	N	N	五首
詠史詩一首（鮑明遠）	N	N	
遊西池一首（謝混叔源）	N	Y	《五謝詩》多作者小傳約170 字。
泛湖歸出樓中玩月一首（謝惠連）	Y	Y	《五謝詩》多作者小傳約140 字。
從遊京口北固應詔一首（謝靈運）	Y	N	
晚出西射堂一首（謝靈運）	Y	N	

〔註 8〕〔宋〕唐庚：唐子西文錄，清乾隆刻歷代詩話本。

登池上樓一首（謝靈運）	Y	Y	
遊南亭一首（謝靈運）	Y	Y	
遊赤石進帆海一首（謝靈運）	Y	Y	《五謝詩》多解題約 350字
石壁精舍還湖中作一首（謝靈運）	Y	Y	
登石門最高頂一首（謝靈運）	Y	Y	
於南山往北山經湖中瞻眺一首（謝靈運）	Y	Y	
從斤竹澗越嶺溪行一首（謝靈運）	Y	Y	
應詔觀北湖田收一首（顏延年）	N	N	
車駕幸京口侍遊蒜山作一首（顏延年）	N	N	
車駕幸京口三月三日侍遊曲阿後湖作一首（顏延年）	N	N	
行藥至城東橋一首（鮑明遠）	N	N	
遊東田一首（謝玄暉）	Y	Y	
秋懷詩一首（謝惠連）	Y	Y	
廬陵王墓下作一首（謝靈運）	Y	Y	《五謝詩》多解題約 150字
拜陵廟作一首（顏延年）	N	N	
同謝諮議銅雀臺詩一首（謝玄暉）	Y	Y	
答靈運一首（謝宣遠）	N	Y	此詩《五謝詩》不錄原文，虛谷評語「不工」以上被錯當詩歌原文
於安城答靈運一首（謝宣遠）	N	Y	
西陵遇風獻康樂一首（謝惠連）	Y	Y	
還舊園作見顏范二中書一首（謝靈運）	Y	Y	《五謝詩》多解題 60 字
登臨海嶠初發強中作與從弟惠連見羊何共和之一首（謝靈運）	Y	Y	《三謝詩》作《登臨海嶠與從弟惠連詩一首》同建州本目錄，《顏鮑謝》篇名同胡刻本正文。
酬從弟惠連一首（謝靈運）	Y	Y	
贈王太常一首（顏延年）	N	N	
夏夜呈從兄散騎車長沙一首（顏延年）	N	N	
直東宮答鄭尚書一首（顏延年）	N	N	

和謝監靈運一首（顏延年）	N	N	
郡內高齋閑坐答呂法曹一首（謝玄暉）	Y	Y	
在郡臥病呈沈尚書一首（謝玄暉）	Y	Y	《五謝詩》多解題約 90字
暫使下都夜發新林至京邑贈西府同僚一首（謝玄暉）	Y	Y	《五謝詩》多解題約 90字
酬王晉安一首（謝玄暉）	Y	Y	
永初三年七月十六日之郡初發都一首（謝靈運）	Y	Y	《五謝詩》多解題40字
過始寧墅一首（謝靈運）	Y	Y	
富春渚一首（謝靈運）	Y	Y	
七里瀬一首（謝靈運）	Y	Y	
登江中孤嶼一首（謝靈運）	Y	Y	
初去郡一首（謝靈運）	Y	Y	
初發石首城一首（謝靈運）	Y	Y	《五謝詩》多解題約 250字
道路憶山中一首（謝靈運）	Y	Y	
入彭蠡湖口一首（謝靈運）	Y	Y	
入華子崗是麻源第三谷一首（謝靈運）	Y	Y	
北使洛一首（顏延年）	N	N	
還至梁城作一首（顏延年）	N	N	
始安郡還都與張湘州登巴陵城樓作一首（顏延年）	N	N	
還都道中作一首（鮑明遠）	N	N	
之宣城出新林浦向版橋一首（謝玄暉）	Y	Y	
敬亭山詩一首（謝玄暉）	Y	Y	
休沐重還道中一首（謝玄暉）	Y	Y	
晚登三山還望京邑一首（謝玄暉）	Y	Y	
京路夜發一首（謝玄暉）	Y	Y	
會吟行（謝靈運）	Y	Y	
樂府詩八首（鮑明遠）	N	N	八首
鼓吹曲（謝玄暉）	Y	Y	
七月七日夜詠牛女一首（謝惠連）	Y	Y	

弔衣詩一首（謝惠連）	Y	Y	
南樓中望所遲客一首（謝靈運）	Y	Y	
田南樹園激流植援一首（謝靈運）	Y	Y	
齋中讀書一首（謝靈運）	Y	Y	
石門新營所住四面高山回溪石瀨修竹茂林詩一首（謝靈運）	Y	Y	
數詩一首（鮑明遠）	N	N	
玩月城西門廨中一首（鮑明遠）	N	N	
始出尚書省一首（謝玄暉）	Y	Y	《五謝詩》多解題約170字
直中書省一首（謝玄暉）	Y	Y	
觀朝雨一首（謝玄暉）	Y	Y	
郡內登望一首（謝玄暉）	Y	Y	
和伏武昌登孫權故城一首（謝玄暉）	Y	Y	
和王著作八公山詩一首（謝玄暉）	Y	Y	《五謝詩》多解題約210字
和徐都曹一首（謝玄暉）	Y	Y	
和王主簿怨情一首（謝玄暉）	Y	Y	
擬魏太子鄴中集詩八首（謝靈運）	Y	Y	八首,《三謝詩》作「一首」,《五謝詩》不錄詩、序原文,並曰「序、多詩不似建安,今不書。」
擬古三首（鮑明遠）	N	N	三首
學劉公幹體一首（鮑明遠）	N	N	
代君子有所思一首（鮑明遠）	N	N	

表二：三書及《文選》收錄詩歌篇數表

書名 詩人	《三謝詩》	《五謝詩》	《顏鮑謝詩評》	《文選》
謝靈運	40	34	40	40
謝惠連	5	5	5	5
謝朓玄暉	21	21	21	21
謝瞻宣遠	0	5	5	5

謝混叔源	0	1	1	1
顏延之延年	0	0	17	21
鮑照明遠	0	0	18	18
合計	66	66	107	111

三、《三謝詩》爲《顏鮑謝詩評》、《五謝詩》之濫觴

《三謝詩》產生在《顏鮑謝詩評》、《五謝詩》以前，其典範作用，是極有可能影響到方回的。

首先是《三謝詩》《顏鮑謝詩評》所收的三謝篇目完全相同，《五謝詩》只是少了謝靈運詩歌的前六首，並且這六首很有可能是在輯錄的時候漏掉的，關於這點，下文會專門討論。

其次是《顏鮑謝詩評》收詩的順序根據《文選》，依據題材而分先後；《三謝詩》先依據人來排序，順序爲謝靈運、謝惠連、謝朓，再按詩在《文選》中出現先後爲序；《五謝詩》的排列規則同《三謝詩》，順序爲謝靈運、謝惠連、謝朓、謝瞻、謝混。如果《五謝詩》不是受《三謝詩》的影響，而是按照詩人在《文選》詩部分中出現先後順序來排列的話，謝朓應該在謝惠連之前，然而《五謝詩》也是謝惠連、謝朓的順序，可見它是受了《三謝詩》的影響。

再次是《顏鮑謝詩評》中曾經兩次提到了《三謝詩》作者唐庚的觀點：卷一謝玄暉《遊東田一首》，方回評論「唐子西之論有旨哉」，卷四謝玄暉《郡內登望一首》曰：

> 《唐子西語錄》：「謝玄暉詩：平楚，猶平野也。呂延濟乃用『翹翹錯薪，言刈其楚』謂『楚，木叢』，便覺氣象殊窘。」

方回用唐庚的《唐子西語錄》（又名《唐子西文錄》）來佐證自己觀點，可見對唐庚其人其書是有所關注的。更何況在《唐子西文錄》裡面，唐庚還明確表達過「三謝詩靈運爲勝，當就《文選》中寫出熟讀，自見其優劣也」〔註9〕這樣的觀點。所以，《顏鮑謝詩評》毫無疑問受《三謝詩》的影響。

《五謝詩》除去上面兩處提到唐庚，在謝宣遠《九日從公戲馬臺集送孔令詩一首》中又說：

> 唐子西謂《文選》宣遠、叔源有詩不工，然《送孔令詩》無疵，

〔註9〕〔宋〕唐庚：唐子西文錄，清乾隆刻歷代詩話本。

今並二人詩，附評三謝之後。

「宣遠、叔源有詩不工」這個觀點恰好出自唐庚《書三謝詩後》，康熙壬辰蔣杲已經將《書三謝詩後》過錄在了宋嘉泰四年重修本《三謝詩》後。方回這段話也說明了為什麼唐庚不錄宣遠、叔源詩，而自己要附在三謝之後，是因為「《送孔令詩》無疵」，這也進一步證明了《顏鮑謝詩評》、《五謝詩》是在《三謝詩》的基礎上加以增補的，他們的淵源關係非常清楚。

第四節　《虛谷評五謝詩》所漏謝靈運六詩考論

從圖表可知，《三謝詩》收錄了三謝在《文選》中的所有詩歌。《顏鮑謝詩評》收錄了鮑氏五謝在《文選》中的所有詩歌，只有顏氏一家少了四首：《應詔宴曲水作詩一首》、《皇太子釋奠會作詩一首》、《宋郊祀歌二首》，這四首詩都是四言，而其他詩歌都是五言，可見《顏鮑謝》、《三謝詩》的選錄標準之一是五言詩。由於這三本書的密切關係，《五謝詩》理論上來說也應當收錄五謝在《文選》中的所有五言詩，但《五謝詩》卻恰恰少收謝靈運六首詩。

考察表一表二，《五謝詩》除去謝靈運而外，其他四謝《文選》中收錄的都一一收錄，只有謝靈運有六首不收，分別是《述祖德詩二首》、《九日從宋公戲馬臺集送孔令詩一首》、《鄰里相送方山詩一首》、《從遊京口北固應詔一首》、《晚出西射堂一首》，這六首詩歌都是五言，而且剛好是謝靈運詩歌在《文選》中出現的前六首。這表明現存《五謝詩》並非完本，這六首詩歌《五謝詩》原本收錄，只是文本在流傳過程中全書最前面的這六首詩散佚。

支撐這個結論的還有兩條證據：其一是謝宣遠《九日從公戲馬臺集送孔令詩一首》中說：

> 唐子西謂《文選》宣遠、叔源有詩不工，然《送孔令詩》無疵，
> 今並二人詩，附評三謝之後。

既然《五謝詩》的後二謝是「附評三謝之後」，而三謝又是據唐庚而來，唐庚的《三謝詩》收了謝靈運四十首詩，那麼《五謝詩》也應該收謝靈運詩四十首。

其二，《五謝詩》有十五段文字為《顏鮑謝詩評》所無，這十五段文字中包括了四段介紹作者生平的文字，而且都是在詩人的第一首詩上面，這四段文字依次是謝惠連、謝朓、謝瞻、謝混，惟獨沒有對謝靈運生平的介紹。究

其原因，對謝靈運生平介紹的文字應當在《述祖德詩二首》之前，而這兩首詩連同下面的四首因爲在卷首，恰好散佚了。

綜上，《虛谷評五謝詩》原文應當有謝靈運這六首詩而且還應當有謝靈運小傳一篇，因爲在全書之首，不幸散佚。

第五節　《顏鮑謝詩評》與《五謝詩》之關係

《顏鮑謝詩評》和《五謝詩》之間的關係非常撲朔迷離。最核心的原因是，這兩本書都不見於乾隆以前的書目，即使《五謝詩》爲毛晉所藏，也不見於前代書目著錄。《顏鮑謝詩評》，《四庫提要》說「惟《永樂大典》載之」，是《永樂大典》輯本。《五謝詩》只知是毛晉舊藏，卻不知其更早來由。

基於二書高度的相似性，筆者大膽推測：《五謝詩》寫作時間早於《顏鮑謝詩評》，《顏鮑謝詩評》是在《五謝詩》的基礎上調整詩歌編排順序、刪減小傳和解題文字、增加顏延之、鮑照詩歌而來。理由一是《顏鮑謝》行文中也有引唐子西的話，表明《顏鮑謝》和《三謝詩》有關聯，而《五謝詩》和《三謝詩》的關係更爲密切。所以最有可能情況是《五謝詩》沿襲《三謝詩》而來，而《顏鮑謝》又是在《五謝詩》的基礎上增刪而來。其二，《五謝詩》比之《顏鮑謝》更像一個初稿，其體例並不是非常嚴密。比如《五謝詩》多出的解題文字是在詩歌正文之前，並不是像《顏鮑謝》那樣虛谷的話統一在詩歌正文之後，且這些解題只個別詩歌有，非統一的每首詩歌都有，正是爲了消除這種體例的不嚴謹，在編寫《顏鮑謝》時，這些時有時無的解題就被刪除了。再比如《擬魏太子鄴中集詩八首》，《五謝詩》不錄詩、序原文，並曰「序、多詩不似建安，今不書。」而《顏鮑謝》詩和序皆錄，應當也是考慮到如果只此八首不錄詩、序的話和全文體例不合，因而後做的《顏鮑謝》錄詩、序。再比如《五謝詩》中《於南山往北山經湖中瞻脁一首》：「俛視喬木杪，仰聆大壑㵎」，《五謝詩》在正文中「㵎」字後小注：「音與澗同，《毛詩》亮鷺」。方回的注幾乎沒有在正文中隨文注的形式，此處不合體例。而這個小注在《顏鮑謝》中是沒有的，當是後來爲統一體例刪削。再次文字優劣上，《顏鮑謝》《五謝詩》各有優缺，《五謝詩》有不少地方可證《顏鮑謝》文字之失，由此至少證明《五謝詩》並非抄襲《顏鮑謝》而來。綜上，筆者以爲《五謝詩》在前，《顏鮑謝》在後據《五謝詩》增刪而來。

以上解決了《顏鮑謝》比之《五謝詩》爲什麼少了解題文字的問題，那麼又爲什麼《顏鮑謝》還會刪去各個作者小傳呢？筆者以爲這是因爲二書編排次序不同造成的。《五謝詩》是按《三謝詩》的體例以人爲綱，按詩人順序編排詩歌，這樣每個詩人的小傳很必要。而《顏鮑謝》是按《文選》詩的順序編排，因爲《文選》詩的順序是按題材而不是按人排序的，每個人的詩歌比較分散，小傳的作用就減小了，因而刪去。

第六節　《虛谷評五謝詩》獨特的文獻價值

根據上文的推測，《五謝詩》如果是完整的話，應當不缺謝靈運的前六首五言詩，這樣從選詩數目上來說，《顏鮑謝詩評》實際上應當只比《五謝詩》多了顏延之和鮑照的三十五首五言詩。

經過筆者認眞比勘兩書，發現在五位謝家詩人部分，《五謝詩》比《顏鮑謝詩評》多出十五段文字（具體分佈見表一的備註部分及附錄一），這些文字不見於方回其他著作，而且多在所錄詩歌篇名以下、詩歌正文以上。主要包括作者小傳和解題兩種文字，另有一些特別的說明性文字。生平介紹材料多節錄正史而來，比如《南史》、《南齊書》、《資治通鑒》；解題則包括了對篇題的解釋、寫作背景的解析或者寫作時間的考證等等，不一而論。《五謝詩》這些多出文字的文獻價值大約可以總結爲五端。

一、《五謝詩》保留了作者小傳

《五謝詩》以人爲綱，除了謝靈運而外，其他四人謝惠連、謝朓、謝瞻、謝混四人都有傳記。

比如《泛湖歸出樓中玩月一首》詩題下對謝惠連的介紹：

> 虛谷曰：謝方明者，謝裕景仁之從祖弟，有子惠連，史不注表字。族兄靈運與惠連及東海何長瑜、潁川荀雍及太山羊璿，以文章賞會，謂之四友。惠連幼有奇才，不爲方明所知。靈運去永嘉始甯時，方明爲會稽，靈運造方明，遇惠連，大相稱賞。靈運性無所推，惟重惠連，與爲刎頸交。爲司徒彭城王法曹爲《雪賦》，以高麗見奇，年二十七卒。

此段文字綜合《宋書・謝方明傳》、《謝靈運傳》、《謝惠連傳》而成，從家族到表字、從交遊到逸聞軼事、從文章風格到年壽，文字雖然不多，卻實爲一

簡潔精到的作者小傳。每位詩人前面附上小傳，有助於讀者知人論世。

二、《五謝詩》保存了不少解題文字

　　《五謝詩》在詩題以後，詩歌正文以前，部分獨有之解題文字，以謝靈運《初發石首城一首》為例：

　　　　虛谷曰：石首城，建康石頭城也。六朝時，城臨京師，重鎮倉庾、器甲府寺所在，而臺城為朝廷，及東府、西州皆有城。民居廣袤，無城而種棘以為籬門。今清涼寺即古石頭城。江水遠涉北向，其下桑麻數十里，穹厓巨石，尚有蘚跡，而不足以為險矣。此詩為臨川內史時作也。靈運以伐山開徑，直抵臨海，會稽太守孟顗表謂有異志，文帝知其見誣，不罪也。不欲使東歸，以為臨川內史。靈運遊放自若，廢棄郡事，為有司所糾。靈運興兵逃逸，作詩曰：「韓亡子房奮，秦帝魯連恥。」追討擒之。上愛其才，降死流廣州。或告其買兵器結健兒，詔於廣州棄市。靈運恃才放逸，多所凌忽，故及於禍。《通鑒》並書此事於元嘉十年，俟考。

這段文字先解釋篇題中的「石首城」，再介紹些城的相關知識，再根據自己的實際見聞，對古代遺跡今貌加以考察和描述。接著是考察詩歌寫作時間和詩歌本事，「靈運以伐山開徑」以下文字多截取自《南史·謝靈運傳》和《資治通鑒》元嘉十年相關內容。解題有助於讀者對整個詩篇的把握，對具體寫作時間的考證也有利於讀者了解詩歌本事，有助於讀者準確把握詩人創作心態。

三、《五謝詩》保留了方回書的原貌

　　解題和作者小傳這兩類文字而外，多出的文字還夾著不少其他零碎訊息。除去前面已經引證過的和唐庚有關的文字、從所缺謝靈運小傳推測謝靈運前六首詩原有外，還有一些至關重要的文字，今試舉一二。

　　《擬魏太子鄴中集詩八首》，方回評論說：

　　　　　然他皆規行矩步，礬砌妝點而成，無可圈點，全無所謂建安風調，故予評其詩而不書其全篇。

這句評論《五謝詩》和《顏鮑謝詩評》都有，《顏鮑謝詩評》還錄了序和詩的原文。《四庫提要》之《文選顏鮑謝詩評》提要據此下判斷說：

　　　　此本八首皆書全篇，與此評不合，蓋不載本詩，則所評無可繫屬，故後人又為補錄也。

《五謝詩》不錄序以及八首詩原文（在《五謝詩》六十六篇中，僅此八首不錄原文），在篇題下又比《顏鮑謝詩評》多出幾字：「序、多詩不似建安，今不書。」《五謝詩》不錄詩、序體現的是方回書的原貌，而《顏鮑謝詩評》錄八詩原文，並刪除方回「今不書」等重要話語，體現的是《顏鮑謝》為統一全書體例而補錄。

四、《五謝詩》保存了方回不以人廢文的思想

《五謝詩》謝混《遊西池一首》作者小傳中方回議論云：

> 衰亂之世，以區區外物淚亂心志而殺其身者不少〔註10〕。詩者，文章之一端，苟至於佳絕也，不以其人不善終而不傳。如陶淵明令德善終，克有高節，則又傳而至於永不可朽，讀之莫不敬焉。然則文之不可以已也如是夫。

方回發出這樣的感慨，應該是心有戚戚焉。他此時以為，如果作品是第一流的，又何必要因為詩人不得善終，而以人廢文呢？晚年的方回降元以後的心情是非常複雜的，他深怕自己數目龐大的詩作因為降元之事而不傳，以至於有了上面的議論。從行文看方回對陶淵明令德善終、克有高節、作品永不可朽這種狀態無比羨慕，而又自知可遇不可求，於是有了「文之不可以已也如是夫」的感慨。這也是《五謝詩》做於晚年降元以後的一條證據。《四庫提要》《文選顏鮑謝詩評》提要以為：「統觀全集，究較《瀛奎律髓》為勝，殆作於晚年」，深得之。

五、《五謝詩》可正《顏鮑謝詩評》文字之失

經過校勘二書，筆者發現《五謝詩》中有不少地方可以正《顏鮑謝詩評》文字之失，今以《登池上樓一首》、《遊南亭一首》所校出的問題舉例說明。

訛例：《登池上樓一首》，方回的評語《顏鮑謝詩評》作「雲浮川沈，有所媿，此詩體之變也」。「媿此」，《五謝詩》作「愧怍」，即為「雲浮川沈，有所愧怍，詩體之變也。」盧谷評詩，四字句為多，「有所媿」這樣的用法不如「有所愧怍」符合盧谷行文習慣。比如這幾句文字的上文就是「潛虯飛鴻，深潛高舉，虛設二喻，而謂已不能。」四字句為多。而且「愧怍」來源於點評的本句詩「薄霄愧雲浮，棲川作淵沈」。另，《遊赤石進帆海一首》，盧谷云

〔註10〕淚：疑當作「泪」。

「揚帆掛席，古詩未尙大巧，故不嫌異辭而同義，猶前詩用媿對怍也」，指出此詩的「媿」「怍」二字是異辭同義。所以，《五謝詩》當是。

奪例：《登池上樓一首》方回的評語《顏鮑謝詩評》：「史靈運於永嘉西堂思詩，竟日不就，忽夢見惠連，即得池塘生春草，大以爲工。」「史」，《五謝詩》作「史謂」，《顏鮑謝詩評》脫一「謂」字，致文句不通。

倒例：《遊南亭一首》，方回評語《顏鮑謝詩評》作：「《池上樓詩》曰：『池塘生春草』，則在郡見春矣。乃此夏雨喜霽之作，思欲見秋而歸也。」「乃此」，《五謝詩》作「此乃」，《五謝詩》當是。

今存《顏鮑謝詩評》六個本子輾轉都是出自《永樂大典》，除了《五謝詩》以外，方回的評語再沒有其他的本子可供校勘。《五謝詩》雖然來源不明，但經毛晉收藏，至少是個明本，自有獨特的校勘價值。今後在整理《顏鮑謝詩評》的時候應當多加利用，可惜海內孤本，至今少人問津。

第七節　《文選顏鮑謝詩評》之特徵

因《五謝詩》和《顏鮑謝詩評》的重合度極高，本節總結的《顏鮑謝詩評》特徵，《五謝詩》基本都有。爲行文方便，此處只提前者，但這些特徵《五謝詩》也是具備的，望讀者幸察，不致埋沒《五謝詩》之價值。

目前關於《顏鮑謝詩評》研究，多集中在體例研究、文選學史貢獻上，這方面前人已有些成果。《四庫提要》評價云：

> 回所撰《瀛奎律髓》持論頗偏，此集所評如謝靈運詩，多取其能作理語，又好標一字爲句眼，仍不出宋人窠臼，然其他則多中理解……統觀全集，究較《瀛奎律髓》爲勝。殆作於晚年，所見又進歟？

詹杭倫認爲：方回此書有三大特點，一是發明李注有功選學、二是上掛建安下連唐宋，三是方法得當評價精審。根據第三點，作者進一步總結其評論方法，一曰「考年論人，考時論事」，二曰「分析爲人，把握心態」，三曰「比較分析，突出特點」。〔註11〕

宋緒連認爲：本書特點爲重視知人論世、顧及創作整體、注重詩歌時代

〔註11〕詹杭倫：《文選顏鮑謝詩評》發微，樂山師專學報（社科版），1989 年第 3 期，頁 41～47。

風氣的演變，認爲方回開拓《文選》研究的一條新道路。〔註12〕

王書才博士論文有一章節標題爲「文選學評點派的先驅——方回及其《文選顏鮑謝詩評》」，他認爲：

> 其注重章法結構的分析、著重文篇風格的整體品位，在評點之中對李注之誤亦間有訂正，在使選學回歸到文學本體上進行研究的方向轉換上，功不可沒。〔註13〕

馮淑靜總結說：

> 《文選顏鮑謝詩評》重在對顏鮑謝諸人詩作寫作背景、思想內涵、藝術手法、佳詞麗句、承繼源流等內容進行批評。〔註14〕

> 體例上有兩大特點：一是選，選《文選》中顏延之、鮑照、謝靈運、謝瞻、謝朓、謝惠連、謝混七人詩，各爲論述。……此書另一個特點是評，採取的方式都是先詩後評，評論內容有交代詩作寫作背景、藝術手法分析、佳詞麗句點評、承繼源流分析、雜議他事等多個方面。〔註15〕

像這類總結性、評價性的見解，由於人們的立場、關注點、知識結構的差異，總是仁者見仁、智者見智的。前人已經有諸多總結，大體上包含了《顏鮑謝詩評》的體例特點，筆者的總結難免和上述觀點有重複。對於前人已經總結詳備的，筆者儘量簡潔。前人總結不足的，筆者多用些筆墨闡述。

方回的評語，先逐句講文意及每句之優劣，然後聯繫史實，在此大背景下分析詩人的心境，然後講和此詩有關的趣聞，考辨名物典故等，最後聯繫古今詩歌，提煉與之相關文學發展脈絡，如風格技巧的演變、前後詩風的繼承等。當然，方回還免不了發些議論，寫出自己的詩歌理論主張。綜合起來，方回此書特點大致有六：一曰重考證，這部分包含內容豐富，包括考年論人、考時論事、考證名物字詞、講解典故、考辨《文選》正文、補正《文選注》；二曰好標名句、詩眼；三曰串講文意似章句之體；四曰關注詩歌藝術特色、詩風演變；五曰議論迭出，闡述詩歌主張。

〔註12〕宋緒連：從李善的《文選》注到駱鴻凱《文選學》——《昭明文選》研究管窺，遼寧大學學報，1989年第1期，頁70～73。

〔註13〕王書才：明清文選學述評，上海古籍出版社，2008，頁27。

〔註14〕馮淑靜：《文選》詮釋研究，中國社會科學出版社，2011，頁61。

〔註15〕同上，頁146。

一、重考證

都說理學家好議論，而方回此書第一亮點卻是考證功夫了得。

（一）「考時論事」、「考年論人」

這兩句話出自本書《北使洛一首》方回自己的評語，詹杭倫已經論及，今簡略述之。「考時論事」大抵是考查詩歌寫作的時代背景，包括政治事件、思想環境，再論及詩歌本事；「考年論人」大致是考查詩人活動軌跡、詩歌寫作時間，以求進一步探索詩人創作心境，更好地理解詩歌。這類文字在《顏鮑謝詩評》裡面占了不少的篇幅，比如《述祖德詩》考察謝安事蹟，《鄰里相送方山詩》考查晉以來士大夫喜讀《易》、老莊，務虛談的思想環境，《五君詠》引《宋書》交代創作緣由，《初去郡》對作詩時間詳細考證，再如《遊南亭》、《從遊京口北固應詔》、《和謝監靈運一首》、《擬魏太子鄴中集詩八首》等中的相關文字。

（二）考證名物字詞

對於名勝、地名和難懂的名物、字詞，方回或者通過引經據典加以解釋；或者根據自己的親自見聞加以描述。分析《顏鮑謝詩評》對名物字詞引經據典的考辨，多源自李善注，而方回不明言之。比如《泛湖歸出樓中玩月一首》：

> 虛谷曰：王逸注《楚辭》「倚沼畦瀛兮遙望博」：楚人名池澤中為瀛。《爾雅》：江決出復入為汜。《毛詩》注「可與晤言」：晤，對也。此悟字與晤同。」

這些注一字不落，全部來自於李善注。這體現了方回對李善注的關注和重視。但如《從遊京口北固應詔一首》：

> 虛谷曰：《水經注》：京口，丹徒之西鄉，西北有別嶺入江，三面臨水，高十數丈，號曰北固。今鎮江府猶有北固樓，詩家絕景。

「水經注」到「號曰北固」全部來自李善注。「今鎮江府」以下文字則是方回親自見聞，而方回的這些親自見聞的文字往往是包含感情的，比如此處「詩家絕景」的稱讚。

再如《王撫軍庚西陽集別時為豫章太守庾被徵還東一首》「祗召旋北京，守官反南服」句，方回考證：

> 江左自上流趨建康，則云北京，蓋江流大抵北向也。江自南趨北，而曰江南江北，言大勢也，其實北向而江分東西岸焉。今鄂州

西門對漢陽軍，江州西門出琵琶亭，而出東門皆不見江，故知江不
東向而北向，故江之上水船必用北風也。

此處文字皆出於方回，方回不遺餘力，考證「北京」，進而考證「江不東向而
北向」，先通過解釋江南江北之稱，是描述江自南趨北的大勢，又敘述自己的
親身見聞，舉鄂州、江州東門不見江的事實，證明江其實是北向。這一條頗
見方回的考證功夫。

（三）解釋典故，述出處本末

「述出處本末」出自《過始寧墅一首》解釋「拙疾相依薄，還得靜者便」
句：

　靜者，詩家多用，本於《論語》「仁者靜」，但未詳用「靜者」
二字誰爲祖耳，此所以述出處本末也。

方回考證「靜者」的典故本源是出自《論語》的「仁者靜」，同時也指出未詳
誰最早用「靜者」二字，這表明方回有考證源頭的意識。正是在這種意識的
指導下，《顏鮑謝詩評》很注重考證典故出處，雖然其中大部分內容本之李善
注，但其中也不乏方回自己的成果。

（四）考辨《文選》正文

考辨《文選》之失，這部分內容只有幾條，但是卻體現了方回的考證意
識和功底。《車駕幸京口三月三日侍遊曲阿後湖作一首》：「人靈騫都野，鱗翰
聳淵丘」句，方回考證：

　《文選》注謂：「騫、聳，皆驚懼之意。都野，民靈所居。淵丘，
鱗翰所聚。」予以正文避唐太宗名，以民爲人，其語破碎無意。

此處所引注文爲李善注。方回提出，此處正文爲了避諱，以民爲人，使語言
破碎無意。考察尤刻本（李善注系統）正文作「人靈」，而建州本（六臣注系
統）作「民靈」，方回所言，與建州本合。

李善本因爲避唐太宗的諱而改字的例子，不止這一條。《文選》收錄了《離
騷》，其中有一句尤刻本作「謇吾法夫前修兮，非時俗之所服」。建州本「時」
下小注曰「五臣作世」。《四部叢刊》影明翻宋本《楚辭補註》「時俗」作「世
俗」，洪興祖補註：「李善注本有以世爲時爲代，以民爲人，之皆避唐諱，當
從舊本。」洪興祖的觀點也被清代孫志祖《文選考異》卷三引用過。可見，
確如方回所言，李善本爲了避唐太宗名，以民爲人。

《登臨海嶠初發彊中作與從弟惠連見羊何共和之一首》「顧望脰未悁，汀曲舟已隱」句，方回云：

> 悁字當作痟。陸彥聲詩曰：「相思心既勞，相望脰亦悁。謂引頸以望，未勞而身已隱也。」

方回以為「悁」當作「痟」。今尤刻本、建州本、明州本《文選》、明萬曆沈啓原刻《謝康樂集》等皆作「悁」，並無作「痟」的例證，謝靈運原詩應當作「悁」。「悁」字原意是氣憤，《說文・心部》：「悁，忿也。」當作疲憊講的時候，其實是「痟」字的通假字。方回所要說意思恐怕也只是說這個通假字的問題。

當然，方回的推測有的也沒有其他證據支撐，只是一家之言罷了。比如《行藥至城東橋一首》「開芳及稚節，含采各驚春」句，方回說：

> 《文選》注吝字殊為費力，其說曰：「草之開芳，宜及少節。既以含采，理惜驚春。夫草之驚春，花葉必盛，盛必有衰，固所當惜也。」又引孔安國《尚書傳》曰：「吝，惜也。」虛谷竊謂「吝」字可疑，豈以上文有「吝事百年身」，故於此句避「吝」字以為「吝」字乎？以愚見決之，當作「開芳及稚節，含采各驚春」為是。此蓋有感於行藥之際，見夫開芳含采之藥物，及乎未老之時，而皆有驚春之色，以譬夫仕宦。

方回的解釋，從文意上沒有問題，但是沒有其他證據的支撐。考察尤刻本、建州本、明州本《文選》、《四部叢刊》影宋本《鮑明遠集》等，皆為「吝」。四庫館臣也說：

> 「各」，今《文選》本俱作「吝」，殊難解，注亦同。方氏改「吝」為「各」，似有所見，存考。

總之，方回對《文選》正文的考辨有得有失，比之清代漢學家例證豐富的考證，方回的論證的確顯得單薄。但是，他用最簡潔的語言就闡明了自己的觀點，雖然有的觀點失於主觀臆斷，但大多還是精到的。

（五）補正《文選》注文

方回所用《文選》注，多是李善注本，對李善注的引用大多不注明是採自《文選》注，但也有少部分會標明「《文選》注曰」「《文選》注謂」等。方回引用《文選》注除了上文提及的解釋名物、字詞、典故等，還有一些是補正《文選》注文失誤的。

比如《述祖德二首》「高揖七州外，拂衣五湖裏」句，方回考證：

> 《文選》注「高揖七州外」謂：「舜分天下爲十二州，時晉有七州，故云七州。」予獨謂不然。指康樂所解徐、兗、青、司、冀、幽、并七州都督耳。謂晉有七州，而高揖於其外，則不復居晉之土耶，非也。道子解玄七州都督，而爲會稽内史，釋兵柄於内郡，自是左遷。然玄亦嘗疾篤，詔還京口，玄不以爲怨，而靈運微有怨辭，蓋以己之不得朝柄爲望耳。

本條《四庫提要》已經肯定過。方回能聯繫史事，將「七州」講實爲解除七州都督事，可證李善之失。再如《於安城答靈運一首》：

> 《文選》注下文「窈窕承明内」，謂靈運爲秘書監。按：此詩靈運當爲琅琊王大司馬行軍參軍，永初三年始爲永嘉太守，元嘉三年始爲秘書監，則宣遠卒於豫章久矣。

方回考證不誤，李善注確有偏頗。再如：《遊赤石進帆海一首》「仲連輕齊組，子牟眷魏闕」句：

> 《文選》注謂：「仲輕齊組而至海上，明海上可悦。既悦海上，恐有輕朝廷之譏，故云子牟眷魏闕。」予謂靈運意不然，其意乃是雙舉仲連、子牟，一是而一非之。

方回所引《文選》注爲李善注，方氏此處提出了和李善不同的看法。李善以爲謝靈運用子牟的典故，是爲了避免仲連典故給人以輕蔑朝廷的意思，所以引用子牟典故予補充。方回則認爲，李善解釋不合謝靈運本意，謝靈運本意舉這兩個例子其實是一正一反的。方回的說法更接近謝靈運原意。再如《會吟行》篇名李善不注，五臣注：

> 銑曰：會，謂會稽也。吟，猶詠也。意與《吳趨行》同類。

方回又對《會吟行》篇名作了補正：

> 《文選》不注《會吟行》之義，詳考乃是效陸機《吳趨行》。崔豹《古今注》曰：《吳趨曲》，吳人以歌其地也。今曰《會吟》，非吳會之會，即會稽之會。今兩浙，秦之會稽郡，漢之吳郡也。陸機之作曰：「楚妃且莫歎，齊娥且莫謳。四坐並清聽，聽我歌吳趨。吳趨自有始，請從昌門起。」以下十四韻，皆述吳中風土人物。

方回指出李善不注，又在五臣基礎上加以增訂。所引崔豹《古今注》至「以歌其地也」是李善注《吳趨行》的文字。「今曰《會吟》」至「漢之吳郡也」

是方回的考訂。最後，方回引《吳趨行》原文加以補充說明，之後的文字方回還對比了《會吟行》《吳趨行》，今從略。對比李善、五臣的注和方回的補正，可知方回此處不僅說明了《會吟行》的模仿於《吳趨行》，更借助《古今注》對《吳趨行》進行了解釋，並且還考訂了「會」所指，以及會稽郡、吳郡的關係。接著方回引用《吳趨行》原文，介紹內容大要，甚至將《會吟行》《吳趨行》進行對比。方回此處的補正可謂資料翔實，有述有論，條理井然。

　　方回除補正《文選》注，更多的是引用《文選》注，以解釋名物等，「考證」一節已經有不少論述，此從略。另，方回指出，自己的評點裡面對名物、地名等解釋不夠的，讀者還可以參看《文選》注。比如：《石壁精舍還湖中作一首》：「如石壁地名之類，自可看《文選》注。」也就是說，方回非常重視《文選》注，尤其是李善注。方回本之於《文選》注，要求讀者在閱讀本書的時候，參看《文選》注，這樣才是基礎，而不能脫離舊注和文意，一味地高談闊論，指點江山。

二、好標句眼、佳句，品評詩歌優劣

　　方回好標句眼佳句，《四庫提要》之《顏鮑謝詩評》提要就曾經批評：

　　　　此集所評……又好標一字爲句眼，仍不出宋人窠臼。

考察《瀛奎律髓》，也有這種特點，根據四庫評語，方回這也是受前代宋人的影響，是宋代整個詩風學風的產物。好標句眼和重視「煉字」有關，宋人極爲重視煉字。比如：

　　　　凡爲詩須積磨煉，一曰煉句，二曰煉意，三曰煉字。〔註16〕

　　宋人對於句眼的作用也有闡述，比如《詩人玉屑》「句中有眼」條就記載曾吉甫的詩「白玉堂中曾草詔，水晶宮裏近題詩」，只改「中」爲「深」、改「裏」爲「冷」，就「迥然與前不侔」，魏慶之解釋道：

　　　　蓋句中有眼也。古人煉字只於眼上煉，蓋五字詩以第三字爲眼，

　　七字詩以第五字爲眼也。〔註17〕

　　標句眼、佳句可以讓人一下子就注意到一首詩的精華所在，它的意義是有助於詩人名句的傳播，但是弊端是容易讓人們忽略對詩歌的整體把握，而拘泥於一句一眼。

〔註16〕〔宋〕陳應行：吟窗雜錄卷十八，明嘉靖二十七年崇文書堂刻本。
〔註17〕〔宋〕魏慶之：詩人玉屑卷八，清文淵閣四庫全書本。

今簡要介紹《顏鮑謝詩評》標字眼、佳句的情況。方回對佳句的評價大致有「自是佳句」「甚佳」「尤佳」「名佳句」「極佳」「至佳至佳」「絕佳」等。《永初三年七月十六日之郡初發都一首》：

> 「將窮山海跡，未絕賞心晤」，自是佳句。

《初發石首城一首》「雖抱中孚爻，猶勞貝錦詩」句：

> 中孚、貝錦之聯甚佳。「微命察如絲」，「察」字尤佳。

《晚登三山還望京邑一首》「灞涘望長安，河陽視京縣……餘霞散成綺，澄江淨如練」句：

> 起句以長安、洛陽擬金陵，用王粲、潘岳二詩，極佳。李白云：

「解道澄江淨如練，令人卻憶謝玄暉」，此一聯尤佳也。

《晚出西射堂一首》，「曉霜楓葉丹，夕曛嵐氣陰」句：

> 「曉霜楓葉丹」與「池塘生春草」皆名佳句，以其自然也。

此處不僅評了本詩的名句，還列了《登池上樓》的名句。《白頭吟》，「稱心賞猶難，恃貌恭豈易」句：

> 「心賞」「貌恭」一聯，至佳至佳。

《還都道中作一首》，「誰令乏古節，貽此越鄉憂」句：

> 此詩尾句絕佳，守古人之節不輕出仕，則焉得有越鄉之憂乎？

三、串講文意，似朱熹章句之體

《顏鮑謝詩評》串講文意占了不少篇幅。方回用簡單流暢的語言，逐條梳理詩歌意思，這對於後人理解文意，有不少幫助。朱熹的《四書章句集注》是章句體的代表，方回又很推崇朱子，比如本書《郡內登望一首》：

> 虛谷曰：「寒城一以眺，平楚正蒼然」，朱文公極喜此上一句，
>
> 謂有力。

即使是在這本薄薄的小書裡面，方回也不忘提及朱子。並因朱子對某聯的肯定，而特別說明。深受朱子影響的方回，在本書的行文，尤其是串講文意方面，顯示出和朱熹章句體的某些相似處。

比如方回行文中也有此詩共多少章，章多少句的說法。接著逐次講解文意。《於安城答靈運一首》在對應詩文講解前有「第一章」「第二章」「第四章」這種文字。《應詔觀北湖田收一首》云「此詩十三韻」「第一韻」「前一韻」。《秋胡詩一首》云「此詩九章章十句」等等。《和謝監靈運一首》：

此四句延之自謂也。「伊昔」以下四句，言向來立朝。兩闈，謂
東宮、尚書省；丹臒，以喻君恩；玄素，以喻己節。「徒遭」以下四
句，言少帝昏亂，衣冠乖阻。「弔屈」以下六句，言出爲遠郡，在湘
思越，有懷靈運，跂予曷月，字摘《毛詩》，用之尤雅。「皇聖」以
下四句，言文帝召用，慚己無補。「去國」以下六句，言解郡還家，
補葺舊隱，有遲暮之歎。「親仁」以下四句，稱靈運贈詩，歇奪二字
俱佳。尾句謂「盡言非報章」，自揆不足以敵靈運，故曰「非報章」。

方回對此詩的解讀，逐句講解詩歌大義，和章句體很相似。

雖然方回的解說和朱熹章句體有些相似，但由於方回的行文裡面還要涵
蓋其他內容，比起正宗的朱熹章句體，還是顯得比較破碎。

四、關注詩歌藝術特色、詩風演變

方回對於文選學最大的貢獻，恐怕是從單純的解釋文辭句意，轉變到關
注詩歌藝術特色本身。方回本身是一位文學家，有很高的藝術鑒賞力，他對
詩歌藝術特色的把握，大多準確。方回還關注不同時代詩人之間的繼承關係，
以及相同時代詩人之間的影響和對比，方回關注詩風的演變，正如詹杭倫總
結的「上掛建安，下連唐宋」[註18]。

如上所引《和謝監靈運一首》，在逐句講解了詩歌大意後，方回聯繫多位
詩人多篇詩歌著力分析詩歌藝術特色：

此詩凡七八折，鋪敘非不整矣，用事用字非不密矣。以鮑照之
說裁之，則謂之雕繢滿眼可也。如靈運詩「昏旦變氣候，山水含清
暉。清暉能娛人，遊子澹忘歸」，天趣流動，言有盡而意無窮，似此
之類，恐延之未敢到也。如「桃李春風一杯酒，江湖夜雨十年燈」，
未是山谷奇處。「石吾甚愛之，勿遣牛礪角。牛礪角尚可，牛鬪殘我
竹」，乃山谷奇處也。學者學選詩，近世無其人，惟趙汝讜近三謝，
猶有鵞砌之跡，而失於舒緩，步步規隨，無變化之妙云。

方回的這段評述包含內容豐富。先是總結本詩的藝術特色：鋪敘嚴整、用事
密集，可謂是「雕繢滿眼」，這個評價其實也是方回對鮑照詩風的整體評價之
一。接著把顏延之和同時代的謝靈運詩歌加以對比，分出高下，以爲謝靈運

[註18] 詹杭倫：《文選顏鮑謝詩評》發微，樂山師專學報（社科版），1989 年第 3 期，
41～47 頁。

詩歌「天趣流動」、「言有盡而意無窮」，顏延之自然不如。在橫向的對比以後，方回又進行了縱向的對比。舉了黃庭堅兩首詩，指出能代表黃庭堅「奇」的詩歌。方回又指出，他對他同時代的人學習選詩的看法，以爲「惟趙汝讜近三謝」，但是仍然「步步規隨，無變化之妙」。方回此段評論，不管是對詩歌本事，還是對詩歌的發展繼承，都有評述，可謂縱橫捭闔，正中要旨。

再如《和王主簿怨情一首》：

> 「花叢亂數蝶，風簾入雙燕」，靈運、惠連、顏延年、鮑明遠在
> 宋元嘉中，未有此等綺麗之作也。齊永明體自沈約立爲聲韻之說，
> 詩漸以卑，而玄暉詩徇俗太甚，太工、太巧。陰、何、徐、庾繼作，
> 遂成唐人律詩，而晚唐尤纖瑣，蓋本原於斯。

這段簡單的評論，先是把謝朓此聯與時代相去不遠的元嘉詩人相對比，指出他們不如謝朓此聯「綺麗」，綺麗也正是「永明體」最大特點。接著，方回從永明體創始開始，概述其發展直至晚唐。謝朓也是永明體創始人之一，這裡回溯永明體的發展歷程，將永明體的發生、發展、壯大與衰變用簡潔的文字呈現出來，非常見功力。

五、議論迭出，闡述詩歌主張

方回也會在行文中附加議論，闡述自己的詩歌主張。

（一）情真義真

方回認爲，詩歌最能打動人的，是有眞切的情感，而非矯揉造作地爲賦新詞強說愁。這一點，方回多有論及，如《石壁精舍還湖中作一首》：

> 靈運所以可觀者，不在於言景，而在於言情。

又如《永初三年七月十六日之郡初發都一首》：

> 「將窮山海跡，未絕賞心睸」自是佳句，然其義專在義眞。
> 義眞於靈運，嘗云「未能忘言於悟賞」，而靈運終身亦有賞心永絕
> 之歎。

方回在這兩段話裡提出，好的詩歌，必然情眞義眞，以謝靈運爲例，謝靈運的山水詩歌雖然歷來以寫景著稱，但方回以爲，謝靈運詩歌最重要的特點並不是寫景，而是詩歌中包含了眞情眞義。

（二）出於自然

《石壁精舍還湖中作一首》：

至其所言之景，如「山水含清暉」，「林壑斂暝色」，及他日「天
高秋月明」，「春晚綠野秀」，於細密之中時出自然，不皆出於織組。

方回欣賞的詩歌應當是「自然」的。這一點，方回在評點裡面反復強調。謝
靈運的詩歌出於「自然」，沒有雕琢，方回予以讚賞。與此相反，方回對顏延
年的詩歌就有微詞了。比如《和謝監靈運一首》，方回就說鮑照「則謂之雕繢
滿眼可也」，又對比謝靈運詩歌，讚賞謝靈運：

天趣流動，言有盡而意無窮，似此之類，恐延之未敢到也。

方回也批評過鮑照的不「自然」，在鮑照《數詩一首》中，方回說到：

此遊戲翰墨，如金石絲竹八音，建除滿平十二辰，角亢氐房二
十八宿，皆以作難得巧爲功，非詩之自然者也。

由此可見，方回反對雕琢刻意的詩歌，而欣賞出於自然、意趣天成的詩歌。

方回在評點過程中，也認爲謝靈運詩歌比起其他幾謝算自然，但比起建
安詩人、陶淵明等，還是顯得不夠自然，這樣，自然就有了程度的差別。如
《永初三年七月十六日之郡初發都一首》：

此詩排比整密，建安諸子混然天成不如此，陶淵明剝落枝葉不
如此，但當以三謝詩觀之，則靈運才高詞富，意愴心恒，亦未易涯
涘也。

相比較建安七子「混然天成」，陶淵明「剝落枝葉」、言簡意賅，謝靈運詩歌
就顯得「排比整密」了，只是在三謝詩裡面，謝靈運還算「意愴心恒」的一
位。可見，在方回的眼裡，建安和陶淵明比謝靈運更自然，而謝靈運又勝過
其他諸謝詩人、顏延年、鮑照。

（三）詩有形有脈，以「脈」爲主

方回在《過始寧墅一首》中提出：

詩有形有脈，以偶句敘事述景，形也；不必偶而必立論盡意，
脈也。古詩不必與後世律詩不同，要當以脈爲主。如此詩「剖竹守
滄海」以下五聯十句皆偶，未爲奇也。前八句不偶，則有味矣。

按原詩爲：

束髮懷耿介，逐物遂推遷。違志似如昨，二紀及茲年。緇磷謝
清曠，疲苶慚貞堅。拙疾相依薄，還得靜者便。（前八句）

剖竹守滄海，枉帆過舊山。山行窮登頓，水涉盡洄沿。岩峭嶺

稠疊，洲縈渚連綿。白雲抱幽石，綠篠媚清漣。茸宇臨回江，築觀基曾巔。（「剖竹」以下十句）

　　揮手告鄉曲，三載期歸旋。且為樹枌檟，無令孤願言。

方回提出，詩歌有「形」「脈」之分。根據一般的慣例，偶舉敘事或寫景，這是以前人們對詩歌「形」的要求。為了立論深入、議論酣暢盡意，而不拘泥於「形」的束縛，即使是偶句也可以不寫景敘事，而代之以議論。古詩和律詩不同，古詩更為自由，應當以「脈」為主。這是宋人「好以議論為詩」的餘緒。

小　結

《顏鮑謝詩評》《五謝詩》受宋代《三謝詩》的影響，節選《文選》中某些詩人的詩歌，重新成書。方回又進一步發展了《三謝詩》的體例，既有選，又增加了評點，而且從以前重視對文字的注釋轉變到對詩歌文學性的關注。正是這些評點，為《文選》學的研究，開啟了一個全新的研究視角，這就是《文選》評點學。此後，明代、清代都出現了以評點《文選》作品為研究方法的著作，比如明代孫鑛評《文選瀹注》。方回之二書作為開山之作，難免篳路藍縷，相比較明人完備的體例，方回的作品顯得有些隨意，但這也正是方回得其「脈」而不拘於「形」的地方。國圖藏明鈔本《虛谷評五謝詩》為海內孤本，又因為書名所限，一直為人所忽略，文選學者在以後的研究中，當加強對此書的重視。

第二章　陳仁子與《文選補遺》

　　宋末元初易代之際除了方回，還有一位學者在文選學史上有著一席之地，這就是陳仁子。嚴格意義上來講，如果按照入新朝不出仕，則作爲遺民，算上一朝人的標準，陳仁子算宋人。但是，他刊刻茶陵本《六臣注文選》、輯注並刊刻《文選補遺》是在入元以後的大德年間，所以以上兩種應該算元代的文選學成就，不當列入宋代。

第一節　陳仁子家世及生平

　　陳仁子，茶陵東山人。字同俌（又作同甫），號古迂。關於陳仁子的家世，《天祿琳琅書目》「文選補遺」條有一段考證：

> 仁子《宋史》無傳，考淩迪知《萬姓統譜》載：陳天福者，茶陵人，歲凶，發廩平糶，貧不能糴者，天福輒周之。有道士丐米，福與之一斗，道士酬以百錢，福弗受。道士出題其壁有「桂子蘭孫聯步武」之句，後子桂孫、蘭孫果登第，慕義樂施，有父風。

> 遭宋季易姓，不復祿仕，營東山書院爲終身計，博學好古，著述尤富。輯《文選補遺》四十卷云云。

> 按：所言東山書院，既與木記相符，而書之卷帙，亦與此本適合，則仁子爲天福之子無疑。第未分晰此書爲桂孫、蘭孫兄弟中何人所作耳，趙文序中稱仁子爲同俌，譚紹烈識語中又稱爲古迂翁，似仁子是其名，而非其字。或當隱居不仕之時，自避原名，而更爲

仁子也。〔註1〕

這裡于敏中理出陳仁子是陳天福的後人，又推斷應當是天福之子桂孫、蘭孫中的一個，入元以後改名爲仁子。現代湖南又有研究者說：

> 陳仁子出生書香門第，祖父陳天福樂善好施……陳天福的長子蘭孫……；次子桂孫……仁子是其第三個兒子。陳仁子的子侄憲孔、宗孔、容孔都是飽學之士。〔註2〕

以上一說前後矛盾，到底陳仁子是陳天福的兒子還是孫子看來還需要考察一番。考《（光緒）湖南通志》載：

> 陳桂孫，茶陵人，蘭孫兄。登仕郎，有傳。
>
> 陳辰孫，茶陵人，桂孫弟。
>
> 陳仁子，茶陵人，桂孫子。登仕郎，有傳。
>
> 陳正子，茶陵人。登仕郎〔註3〕。

可知仁子是桂孫的兒子、天福的孫子，于敏中推測錯誤，劉振祥後一說有誤。同書引《鷟山一統志》明確記載：

> 陳仁子，字同備，天福孫〔註4〕。

以上材料亦見陳仁子一家樂善好施，又是讀書之家，且多有登第者，比如父親桂孫和陳仁子在宋代都是登仕郎。陳仁子在宋末咸淳十年（1274）漕試第一（又有景炎二年 1277 進士一說），授登仕郎，不久南宋滅亡，仁子遂隱居東山，大德年間建東山書院，因仁子號古迂，因而東山書院又叫古迂書院。古迂書院是著名的私家書院，陳仁子在這裡講學、著書、刻書。元代的湖南茶陵因爲各種原因，書院非常發達，具體可參見《茶陵書院研究》一文〔註5〕，而古迂書院是其中的佼佼者。

第二節　陳仁子的著述

陳仁子著述成就，據明鈔本《文選補遺》譚紹烈《文選補遺識》云：

〔註1〕于敏中：天祿琳琅書目·卷十，清文淵閣四庫全書本。
〔註2〕劉振祥：茶陵文史·茶陵籍古代名人錄第 13 輯，茶陵縣政協學習文史委員會編，2002，頁 53。
〔註3〕〔清〕曾國荃：（光緒）湖南通志·選舉志·卷一三七，清光緒十一年刻本。
〔註4〕〔清〕曾國荃：（光緒）湖南通志·人物志·卷一六二，清光緒十一年刻本。
〔註5〕陽衛國：茶陵書院研究，湖南大學嶽麓書院 2006 年碩士學位論文。

　　　　紹烈夙侍舅古迂翁，指示古今文法。翁著述甚富，《牧萊胜語》

　　三十卷，已刊墨本。今再取所編《文選續補》四十卷刊成……外有

　　所輯《韻史》三百卷、《迂褚燕說》三十卷、《唐史厄言》三十卷，

　　續用工刻梓，以求知好古君子云。

譚氏所說的《文選續補》其實就是《文選補遺》四十卷。除去上面的這些著
作，趙文《文選補遺序》還提到了另一部著作：

　　　　遂作《文選補》，亦起先秦迄梁間，以先儒之說及其所以去取之

　　意，附於下方，凡四十卷……於是同備慨然出是書，刻之不斬。同

　　備好學有志之士，既成是書，又將取蕭統以後迄於今，作《文選續》，

　　以廣《文粹》《文鑒》之未備。書成，尚當以余文托君不朽。盧陵趙

　　文撰。〔註6〕

根據趙文序，陳仁子在《文選補遺》雕版付印以後，又打算取蕭統以後到當
時的作品，作《文選續》，此書和《文選補遺》（即趙文中提到的《文選補》）
所收篇目所屬朝代是截然不同的。這部《文選續》今未見，只在《（光緒）湖
南通志》中看到有冊數卷數的記載，不知此書尚在天壤間否：

　　　　《續文選補遺》十二卷，《傳是樓書目》。按《文選補遺》外別

　　錄是書，計四本，蓋兩書也。

看曾氏原文，是根據《傳是樓書目》所記，不知傳世樓是否確實藏過此書？
另據稱「《文選補遺》和《續文選補遺》元大德年間的茶陵古迂書院刻本僅臺
灣中央圖書館珍藏」〔註7〕。今查臺灣地區善本古籍聯合目錄並無《文選補遺》
元刊本，也無《續文選補遺》。

第三節　《文選補遺》版本

　　《文選補遺》元明兩代刊刻次數屈指可數，到清代卻被大量翻刻。

一、元大德年間古迂書院刻本

　　現存明刊本目錄後保存茶陵東山書院刊行木記，又明鈔本存大德六年
（1302）陳仁子識：

　　　　以稿本畀吾甥譚紹烈，未欲■知於人。甥乃取而刊之。……

〔註6〕見《文選補遺》首，明翻刻東山書院本。
〔註7〕蔣聖培：陳仁子事略，株洲市地方志通訊，1989，第3～4期，頁85～88。

　　　　大德壬寅秋夕茶陵古迂陳仁子同補識〔註8〕。

同時代的趙文序云：

　　　　於是同倚慨然出是書，刻之不斬。

另，明鈔本存譚紹烈序作於大德三年（1299）、成羅平翁序作於大德五年（1301）。以上證據可知《文選補遺》在陳仁子在世的時候就已經刊刻過，時間在大德年間。元刻本《文選補遺》今不得見，當已亡佚。

　　趙文是陳仁子好友，也是南宋遺民，字惟恭，又字儀可，廬陵人，出於文天祥之門，曾隨其勤王，晚年請求歸養，著有《青山集》。

二、明翻刻元茶陵東山書院本〔註9〕

　　《文選補遺》四十卷，明翻刻元茶陵東山書院本。據《善本書目》，此本收藏單位有：國圖、北大、清華、中科院、故宮博物院、上圖、天津圖書館、天津師範大學圖書館、內蒙古師大圖書館、吉林大學圖書館、青島市博物館、南圖、浙圖、河南圖書館、中山大學圖書館、重慶市圖書館、重慶市北碚區圖書館。

　　此本筆者經眼兩部，一部爲國圖藏本，索書號：79255；一部爲上圖藏本，索書號：線善 831990-2009。

　　此本正文半葉十行，行十八字，小字雙行二十三字，白口，單黑魚尾，左右雙邊。前有趙文《陳氏文選補遺序》，此序半葉七行行十四字，序末刻趙文印「廬陵趙文」「儀可」「青山」，趙序後刻「吳下章聰等刻」。次爲目錄，目錄之後刻「茶陵東山書院刊行」牌記。次正文。正文首半葉以「吏布詔」結束，版心魚尾下方有「文補一」字樣。卷端題「文選補遺卷一」，次行「茶陵陳仁子輯誦」，次行「門人譚紹烈纂類」。國圖本全書末有譚紹烈識語，上圖本無。上圖本開本縱 28.2cm，橫 17.3cm，卷一卷端內框縱 20.9cm，橫 13.5cm。國圖、上圖二本皆爲方體字、白綿紙。

三、國圖藏明鈔本

　　《文選補遺》翻刻本而外，明代現存僅有一鈔本，國家圖書館藏，索書號：12971，筆者經眼。半葉九行行二十字，小字雙行，字數二十至三十二不

〔註 8〕補：當爲「倚」之誤。
〔註 9〕本文所引《文選補遺》正文，如無特別說明，即此上海圖書館藏明翻刻東山書院本，索書號：線善 831990～2009。

等，大黑口，四周雙邊。

此本依次有大德壬寅（六年，1302）秋夕茶陵古迁陳仁子同俌識，大德己亥（三年，1299）譚紹烈序，大德五年（1301）中元日吉安成羅平翁《文選補序》，趙文《陳氏文選補序》，次目錄，目錄末抄「茶陵東山書院刊行」牌記。正文卷一卷端首行「文選補遺卷一」，次行「茶陵後學陳仁子輯誦」，又次「門人譚紹烈纂類」，前半葉以「遺風儷語」結束。卷四十末又有譚紹烈大德壬寅識語。譚識語後，在全書最末一行題「廬陵黃剛中書琰」。明鈔本保存的陳序、譚序、成羅平翁序不見於他本，對研究《文選補遺》有重要意義。

此本時有空白行，如卷一從《議犯法相坐詔》的「害於民爲報者也朕未」之後到《答有司請建太子詔》的「若帝日周兵」之前爲空白。

四、清乾隆二年（1737）陳文煜刊本

和明代的寂寥不同的是，到清代《文選補遺》被數次刊刻。首先是乾隆二年（1737）刻本，筆者經眼三部。復旦藏本，索書號 961038；上圖藏本兩部，一部索書號：線普長 725309-24（暫定甲本），一部索書號：線普 313018-29（暫定乙本）。

此三本趙文序末一葉刻「吳下章聰等刻／永新寧純一等重刻」， 目錄末有木牌記「茶陵東山書院刊行」。半葉十行，行十八字，小字雙行行二十三字。左右雙邊。單黑魚尾，竹紙。卷端題「文選補遺卷一」，次行「茶陵東山後學陳仁子輯誦」，又次「門人譚紹烈纂類」，第一葉前半葉以「吏布詔」結束。三本正文首頁內框均爲縱 20.7cm，橫 13.7cm。對比書影，三書同版。

復旦本與上圖甲本有內封，但內封非一版。上圖甲本內封橫題「乾隆二年仲秋」，縱向「楚茶陵陳同俌輯／文選補遺／十五世孫文煜重梓／餘慶堂藏版」。而復旦本無「餘慶堂藏版」五字。對比兩本正文版面漫漶程度，復旦本當先印，後版歸慶餘堂，再刷印上圖甲本。

上圖甲本書有趙文序、附前明何方伯諱喬新原碑、倪國璉序、陳文煜凡例，書末有譚紹烈識語、陳文煜跋，上圖乙本僅有趙文序，而復旦本序跋堪稱豪華，除去上圖甲本所有序跋，書前還有陳安兆序，書末還有陳上慶跋。

此本版式、行款同明刻本，且同有東山書院牌記，明刻本趙文序後有「吳下章聰等刻」，乾隆本則在相同位置有「吳下章聰等刻/永新寧純一等重刻」，可知乾隆本乃明刻本之翻刻本。

五、清道光二十五年（1845）湖南琅嬛館刊本

此本上圖、國圖、河南大學、華師大、武大、北大、北師大、川大、蘇大、吉大、鄭大、山大、南大等有藏本。筆者經眼上圖藏本，索書號：線普長294932-43。

上圖藏本一函十二冊。首爲內封，「道光二十五年乙巳重刊／宋茶陵陳同備重輯文選補遺四十卷／版存琅嬛館」。次趙文序、倪國璉序、聶燾閑序、前明何方伯喬新訪碑、陳文煜例言。其中倪序、聶序、陳例言都是爲乾隆刻本而作。次目錄，次《欽定四庫全書總目提要》，次《欽定四庫全書簡明目錄》，次本次刊刻序，次正文四十卷。

正文每半葉十一行，每行大字二十四字，小字雙行同。白口，單黑魚尾，四周雙邊。開本縱 25.6cm，橫 15.9cm，卷一卷端內框縱 19.2cm，橫 13.4cm。

卷一卷端首行題「文選補遺卷一」，次行「宋茶陵東山陳仁子輯誦　門人譚紹烈纂類」，次兩行「後學善化唐岱高宗山／湘陰蔣恭鎰東觀校訂重刊」，前半葉以「其庶乎享國」結束。

此本雖行款改乾隆本十行爲十一行，但據其保留的倪序、聶序、陳例言可知此本翻刻至乾隆本。

六、清同治十年（1871）覆刻道光嬛嬛本

在道光本之後，又有同治間覆道光本。此本北大、南開有藏本，筆者未經眼原書，僅從學苑汲古得見北大藏本內封、卷一卷端書影。

此本內封鐫「同治辛未秋重刊／文選補遺／嬛嬛閣藏版」。此本正文行款、卷端題署同道光本，正文文字內容基本一致，但道光本四周雙邊，此本非是，且內封「嬛嬛」不同於道光本的「琅嬛」。又仔細對比正文文字字形，二本仍有些許差別，當與道光本不同版。此本當爲道光本之覆刻本。

七、《四庫全書》鈔本

《文選補遺》四十卷亦收入《四庫全書》，用兩江總督採進本。其書前有趙文序，後無譚紹烈識語。

《文選補遺》版本源流用圖可以簡單表述如下：

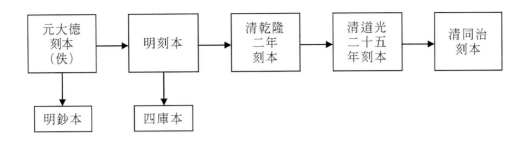

第四節　歷代對《文選補遺》之批評

　　《文選補遺》四十卷，從刊刻至今，受到的關注並不多，前人對他評價如何，不妨作簡單梳理。

一、同時代趙文之評價

　　趙文序的重要性，僅次於《文選補遺》本身，他很大程度上如實反映了陳仁子的編纂因由和體例。今節錄其重要段落，一一分析：

> 蕭統索古今文士之作，築臺而選三十卷，雖其去取不免失當，然收拾於散亡，微統之力不及此。作者之得傳，後人之得有所見，詎可謂統盡無功哉？有志斯文者，補之正可也，而承襲蘇氏之說，便相詆訾，亦不恕哉。

趙氏指出蕭統《文選》存文獻、作者之功，但同時也指出「去取不免失當」，需要後世人補正。

> 吾友陳同俌少講學家庭，閱《文選》，即以網漏吞舟爲恨。以爲存《封禪書》，何如存《天人三策》；存《劇秦美新》，何如存更生《封事》；存《魏公九錫文》，何如存蓄、固諸賢論列；《出師表》不當刪去後表，《九歌》不當止存《少司命》、《山鬼》；《九章》不當止存《涉江》；漢詔令載武帝不載高文；史論贊取班范不取司馬遷；淵明詩家冠冕，十不存一二。

趙氏此處所言，應當是轉述陳仁子的話，陳氏以爲《文選》遺漏頗多篇目，並且具體指出哪些篇目應當補充，而這些篇目一一見於《文選補遺》中。趙氏自信地以爲陳氏所選《天人三策》《封事》等優於《文選》原篇目，這種選擇出於儒家傳統忠君思想、以人廢文思想。此序又指出應當補充一些篇目，體現出一種求全思想，比如收《後出師表》、補全《九歌》《九章》，收司馬遷史論贊、多收陶淵明詩。

> 又以爲：詔令，人主播告之典章；奏疏，人臣經濟之方略，不當以詩賦先奏疏，刌詔令。是君臣失位，質文先後失宜，遂作《文選補》。亦起先秦，迄梁間，以先儒之說及其所以去取之意，附於下方，凡四十卷。此書傳非特蕭統忠臣，而三代以後君臣出治之典章、輔治之方略，皆可考見。其爲世教民彝之助，不細文云乎哉。

此段提出各種文體排列順序的問題，陳仁子以爲詔令奏疏是人主人臣治國的典章方略，順序應當在詩賦之先，這裡也體現出陳仁子的非純文學觀念。縱觀整個《文選補遺》，只要看一下各個文體篇幅的比例，這個結論就顯而易見了。趙序還介紹了《文選補遺》收文時間是先秦至梁，體例是在正文下附注先儒的觀點及自己的意思。

趙文特別指出「此書傳非特蕭統忠臣」，特點在於可以考見三代後君臣出治典章、輔治之方，可以助世教風俗。也就是說，趙文也注意到《文選補遺》某種程度上對《文選》的悖逆，其最大特點是多收詔令、奏疏等經世治國的文體，注重的不是文學性，而是其教化性。

> 而同備猶未欲出其書，疑所藏未備，選未盡也。余曰：舉爾所知而已矣，何必博之求哉？於是同備慨然出是書，刻之不靳。同備好學有志之士，既成是書，又將取蕭統以後迄於今，作《文選續》，以廣《文粹》《文鑒》之未備，書成，尚當以余文托君不朽。盧陵趙文撰。

此段透露的信息是陳仁子求「備」，開始不願刊刻，以爲「所藏未備」，後經趙文勸說，才願意刊刻。陳仁子求「備」心理，在《文選補遺》中隨處可見，這一點將在下文進行討論。同時趙文也指出，除去《文選補遺》，陳仁子還輯《文選續》，惜今未見。

以上就是趙文的序，同時代的人作序，一般都是褒揚有加，趙文把陳仁子對昭明的悖逆看作是進步、是特點。此後人們討論《文選補遺》，多根據此序進行深發或批駁。

門人譚紹烈的識語只提到陳仁子作品的刊刻情況，沒有涉及對《文選補遺》的評價，不再深入分析。

二、明人廖道南之評價

明代廣續《文選》之風盛行，《文選補遺》作爲較早的廣續作品，對明人

有一定的影響。廖道南《楚紀》記載：

> 臣艤棹維揚，有萬生澗者，持《文選補遺》於舟中讀之，見其用
> 心精密，著論詳縝。嗣後梅國劉司寇衍爲《廣文選》，所收雖富，未
> 必如仁子之醇也。博雅君子其必有所擇矣。贊曰：淮巖桂茂，澧浦
> 蘭香。紉蘭倚桂，雲霽青蒼。厥孫仁子，藝圃幽光。薄言采之，湘
> 水浩茫。〔註10〕

這段材料透露出三條信息，一是《文選補遺》在明代不乏讀者。二是明人認
爲《廣文選》的編纂受了陳書影響。三是作者以爲《文選補遺》「用心精密，
著論詳縝」、「醇」，可見作者對陳書的評價在《廣文選》之上。廖道南的這段
論述是在陳桂孫傳記之後，恐怕也有溢美之嫌。

三、清代四庫館臣之批評

　　各目錄學著作中，以《四庫提要》影響最大。《四庫提要》之《文選補遺》
提要對本書有較全面的評價。《四庫提要》先也引用了趙文序，但接著就加以
了批駁。

> 其排斥蕭統甚至，蓋與劉履《選詩補註》皆私淑《文章正宗》
> 之說者。然《正宗》主於明理，《文選》原止於論文，言豈一端，要
> 各有當。仁子以彼概此，非通方之論也。〔註11〕

館臣指出陳氏排斥蕭統的特徵，和劉履的《選詩補註》都是私淑《文章正宗》
之說，陳書和《文章正宗》的關係這點非常重要，下文會詳細討論。館臣以
爲《正宗》主於明理，《文選》原本止於論文，二者各有去取，陳仁子以明理
之書來概括論文之書，「非通方之論」，館臣認爲陳仁子對《文選》的悖逆並
不恰當。

> 且所補司馬談《六家要旨論》，則齊黃老於六經；魯仲連《遺燕
> 將書》，則教人以叛主；高帝《鴻鵠歌》情鍾嬖愛；揚雄《反離騷》
> 事異忠貞；蔡琰《胡笳十八拍》非節烈之言；《越人歌》、李延年歌
> 直淫褻之語；班固《燕然山銘》，實爲貢諛權臣；董仲舒《火災對》，
> 亦不免附會經義。律以《正宗》之法，旨爲自亂其例，亦非能恪守

〔註10〕〔明〕廖道南，楚紀·考履外紀前篇·卷四十三，明嘉靖二十五年何城李桂
　　　　刻本。
〔註11〕〔清〕永瑢，四庫全書總目·卷一八七，清乾隆武英殿刻本。

眞氏者。〔註12〕

館臣指出以《文章正宗》的體例，陳氏書中有不少篇目不符合眞氏推崇儒家經典排斥黃老、重忠君、忠貞、節烈等等標準，以爲陳氏是「自亂其例，亦非能恪守眞氏者」。

> 至於宋王《微詠賦》，訛爲宋玉《微詠賦》，則姓名時代並訛。
> 引佛經橫陳之說以注《諷賦》，則龐雜已甚。荊軻《易水歌》與《文選》重出，亦爲不檢。〔註13〕

館臣進一步批評陳氏之三大錯誤，姓名時代之誤，引佛經注解之龐雜，篇目與《文選》重出。

> 觀所著《牧萊脞語》，於古文時文之格律尚未甚分明，則排斥古人，亦貿貿然，徒大言耳。然其說云補《文選》，不云竟以廢《文選》。使兩書並行，各明一義，用以濟專尚華藻之偏，亦不可謂之無功。較諸舉一而廢百者，固尚有間焉。〔註14〕

館臣認爲陳氏排斥古人「徒大言耳」，並且非常尖銳地批評「然其說云補《文選》，不云竟以廢《文選》。」最後館臣還是總結了陳氏書一個優點，「用以濟專尚華藻之偏，亦不可謂之無功。」總體而言，館臣對《文選補遺》主要是持否定態度的。這種態度不僅見於《文選補遺》提要，還見於《牧萊脞語》提要：

> 仁子作《文選拾遺》，襲眞德秀《文章正宗》之說，進退古今作者，若有特識，今觀所作，則殊爲猥濫。〔註15〕

「若有特識」，表面上是誇讚，但一「若」字，則表現出其否定態度，且對《文章正宗》，用一「襲」字。另外在《風雅翼》提要中也指出「(《風雅翼》) 較陳仁子書猶在其上」。

四、清代其他人評價

龍啓瑞《題明茶陵陳氏文選補遺後》云：

> 陳氏此書，意在正蕭氏之闕失，補斯文之脫漏。然既襲其名號，便當把彼芬馨，使後人知俎豆不祧，波瀾莫二，斯爲賢已。而乃體

〔註12〕同上。
〔註13〕同上。
〔註14〕同上。
〔註15〕〔清〕永瑢：四庫全書總目・卷一七四，清乾隆武英殿刻本。

制多歧，淵源互異，不以能文爲本，而以立意爲宗，事異篇章，義
乖準的。又況搜羅之富，未盡乎辭林。注釋之精，復愧乎書簏。是
猶掛牛鼎於纖枯，綴狐裘以羔袖也。然而磨厲人心，標挈政軌，方
之前哲，所得爲多。平心推論，陳氏此書，但當別爲一集，而不當
廁於蕭氏之後。至於詩賦頌贊，蓋無取焉。評騭諸詞，更加商榷，
庶乎觀文化成，不讓前人以專美矣。今輒於校讀之次，刺舉疑義列
於眉端，復揭全書之得失於左。〔註16〕

龍氏繼承四庫館臣的觀點，以爲《補遺》以立意爲宗，和《文選》能文爲本
是兩途，淵源互異，當別爲一集，不當襲《文選》之名。搜羅永無窮盡，注
釋難比李善。同時龍氏指出此書在「磨厲人心，標挈政軌」上有所建樹。

綜上，前人評價有褒有貶，總體而言貶多於褒。前人的評價道出了陳書
的編纂因由、得失，在不同時代的歷史環境下，評價又有不同，這些對於今
天評價有重要參考價值。

第五節　《文選補遺》之特點

《文選補遺》四十卷，據筆者粗略統計收 34 類文體，851 首作品，朝代
跨度從先秦至蕭梁。其體例大致是每類之下列作品，而作品順序有的以作者
和時間爲綱，有的又是隨意淩亂的。類目之下有的有關於類目的解題，比如
詔誥、璽書、奏疏、封事、議、對、策、史敘論、離騷、賦、樂歌、謠、詩、
銘、箴、贊、誄、祭文、碑，這十九類目下有小序或者少量解釋文字，這些
文字大部分轉引前人前書，如眞德秀、《漢書》、《後漢書》等，有的是作者自
己的總結。其次是篇名，篇名之下有注釋，多是關於本事。再次是作者，第
一次出現會有注釋。最後是正文，一般隨文注。特別需要指出的是陳仁子此
書注釋的多寡多取決於他的文獻來源注釋的多寡，一般用轉引形式，最後加
點陳氏自己觀點。如果陳氏依據的文獻無一注，《文選補遺》裡面也會只有隻
言片語的注釋。比如說根據《史記》《漢書》《後漢書》《文章正宗》《楚辭集
注》等而來的篇目注釋就會比較詳細，而另外一些篇目注釋就非常簡陋甚至
不著一字。《文選補遺》這本書空有「文選」之名，其實是從各處抄綴而來。
即便如此，筆者經過閱讀文本，歸納了數條《文選補遺》的特點。

〔註16〕〔清〕龍啓瑞，經德堂文集·別集上，清光緒四年龍繼棟京師刻本。

一、求備不棄

陳仁子求「備」的心理，前面已經涉及，趙文的序就稱：

> 而同備猶未欲出其書，疑所藏未備，選未盡也。余曰：舉爾所
> 知而已矣，何必博之求哉？於是同備慨然出是書，刻之不靳。

陳仁子根據自己的藏書，基本都加以了甄選，但還是覺得沒有選完，後來在友人的勸說之下，才將書付印。同樣，《文選補遺》卷三十三拾遺云：

> 余既刊賦，竟偶得數篇，不忍棄，再附於此。

於是在正文之後，又收錄自《西京雜記》等的包括中山王《文木賦》、鄒陽《几賦》、羊勝《屏風賦》、左思《白髮賦》、曹植《九華扇賦》《迷香賦》六篇。可見陳仁子的求全備之心。

再比如詔誥有兩卷 115 篇之多，奏疏有八卷 116 篇之多，上書三卷 39 篇之多，且每篇篇幅之長。就拿詔誥而言，陳仁子收西漢皇帝詔告 85 篇，東漢 28 篇，曹魏 2 篇。其中漢高帝 9 篇、漢文帝 14 篇、漢景帝 6 篇、漢武帝 11 篇、漢昭帝 5 篇、漢宣帝 20 篇、漢元帝 16 篇、漢成帝 4 篇、漢光武 15 篇、漢明帝 5 篇、漢章帝 8 篇、魏文帝 2 篇。這些篇目和《文章正宗》有重合，但是也有不少是在《文章正宗》以外，陳氏應當是直接根據《漢書》《後漢書》而來，再參考真德秀等的解釋。陳氏不惜篇幅，不加刪削地收錄詔誥百篇之多，正是其求全「不忍棄」心理的外化體現。

求全心理還體現在對屈原作品和宋玉作品等的處理上。除去《文選》已經收錄的《九歌》《九章》中的篇章，陳仁子把《文選》未錄的全部收錄。對於宋玉作品，也是除去《文選》所錄之外，一一收錄。但是署名宋玉作品的那些作品歸屬一直存在爭議，陳仁子則不管這些爭議，悉數收錄，為了求備，甚至出現錯收的情況。陳仁子把宋王《微詠賦》訛為宋玉《微詠賦》收入，這點從明代開始就一直受人詬病。這就是一心求全而又不加考辨導致的錯誤。

這種求備心理一定程度上保存了文獻，但其實《文選補遺》的存文獻之功甚少，因為它所依據的基本上是常用書，這些書歷代刊刻量都很大。另一方面，使《文選補遺》顯得冗長拖沓，「補」字體現出來的同時「選」字卻沒有體現出來。

二、崇古存漢

《文選補遺》的崇「古」傾向，在具體篇目的選擇上就可見一斑。舉幾

個有代表性的例子：詔誥 115 篇（西漢 85，東漢 28，曹魏 2，兩卷）、璽書 8 篇（西漢 8）、賜書 9 篇（西漢 9）、策書 6 篇（西漢 5，東漢 1）、敕書 2 篇（西漢 2）、告諭 2 篇（西漢 2）、奏疏 116 篇（漢 116，八卷）、封事 15 篇（漢 15，一卷）、上書 39 篇（漢 39，三卷）、議 23 篇（漢 23，兩卷）、對 16 篇（漢 15，三國 1，一卷）、策 10 篇（漢 10，兩卷）、論 14 篇（漢 8，魏晉 6）、書 29 篇（先秦 2，漢 17，魏晉 9，南北朝 1）、問難 7 篇（漢 3，晉 4）、史敘論 12 篇（漢司馬遷 12）、序 7 篇（4 漢，魏 1，晉 1，南北朝 1）、賦 48 篇（宋玉 6，漢 25，魏 7，晉 8，南北朝 2，三卷），這些篇目篇幅很大，據此不完全統計，在這 478 篇中有 427 篇是漢代作品。《文選補遺》共選 851 篇作品，兩漢占了絕大多數，魏晉次之，先秦再次之，南北朝所收最少。

　　《文選補遺》多選兩漢作品，其中又以西漢作品居多，其根源在於陳仁子貴古賤今的思想，陳仁子多次提到了這種思想。如卷一詔誥序云：

> 西山真德秀曰：「……兩漢詔令猶有惻怛愛民實意，辭氣藹然，深厚爾雅，蓋有古之風烈。」

> 愚曰：「古者詔誥本以通彼此相與之情，後世詔誥乃以嚴上下相臨之分……」

> 又曰：「漢詔多散語，唐以來詔多儷語。散語猶《盤誥》遺風，儷語去古遠矣。」

陳仁子貴古賤今思想受真德秀影響，這段短短的引文中出現幾次古今對比，在陳仁子看來，漢代的文章相比後面的朝代而言去古未遠，還保留了三代的一些優點，而越往後，文章就越駁雜了。再如在卷四賈誼《陳政事疏》注中，陳氏云：

> 漢去古未遠，故人臣言事，無所忌諱如此。

策類序：

> 愚曰：「古者策士本以求直言，後世策士乃以備科目。上以利祿誘，下以利祿求，直言且變而諛矣。」

謠類序：

> 愚曰：「未有歌，先有謠。謠始於《康衢》，歌始於《擊壤》，其實皆《詩》之所由始也。而後世之謠，遂成證應，為謗議矣。

誄類序：

> 愚曰：「古人辭簡而情真，後人辭詳而情未必真。《哀公誄孔子》

止十六字，悲情可掬。今數百言，而情何如焉？」

祭文類序：

> 愚曰：「哀辭祭文皆誄之流。孔門諸弟子廬墓而已，徐孺子生芻
> 拜墓而已，情眞意篤，文可也，不文亦可也。」

碑類序：

> 愚曰：「古廟有碑，本以繫牲。今碑有文，乃以紀事。甚者封岱
> 鑴功，磨厓勒頌，其去古遠矣。」

以上這些引文，陳仁子無一不在感歎不管是政治上還是文章上都是今不如古，而漢代相較而言去古未遠，所以在選擇篇目上有所偏重。其實陳仁子之所以貴古賤今，是和傳統儒家構建出來的堯舜禹周公孔子的理想世界有關，正因爲以爲在古代有過這樣的理想世界，所以相較而言，去古越遠，世道人心越亂，文也跟著壞了。陳氏收南北朝作品極少，想必也有這個原因。

三、棄文明理

《文選補遺》大量引用二程、朱子、呂祖謙、眞德秀等理學家的觀點，《文章正宗》《楚辭集注》等所用極多，陳仁子一般是引述他們觀點以後，再在此基礎上闡發自己觀點，加之陳仁子是東山書院山長身份，必然是對儒學有偏好的。由此，《文選補遺》的理學色彩非常濃厚，最重要的體現一是其對理學家們觀點的引述，二是他擬定文體、選取篇目的標準。

在文體擬定上，如趙文序所言：

> 詔令，人主播告之典章；奏疏，人臣經濟之方略，不當以詩賦
> 先奏疏，矧詔令？是君臣失位，質文先後失宜。

陳仁子把詔誥放在各種文體之首，有115篇三卷之多，奏疏亦在詩賦之前，有116篇八卷之多，相比而言，詩只樂歌（88篇，一卷）、謠（71首，一卷）、詩（92首，一卷），賦（30篇，三卷）。陳仁子對詔誥、奏疏、璽書等文體的高度關注，並且不厭其煩地搜集羅列漢代君臣文章，體現出以爲文章關乎治國大業、關乎風俗教化的觀念。這種觀念具體體現到選定篇目時，陳仁子會特別在意文章內容是否合乎人倫風教，愛國忠君。所以趙文的序會說：

> 以爲存《封禪書》，何如存《天人三策》；存《劇秦美新》，何如
> 存更生《封事》；存《魏公九錫文》，何如存蕃固諸賢論列？

相比較司馬相如《封禪書》提倡的封禪敬天，董仲舒《天人三策》提倡的大

一統、天人合一才是儒家的治國核心；相比較揚雄向叛臣王莽上《劇秦美新》有失臣子忠心，劉向《封事》以災異附會政事，勸誡元帝「放遠佞邪之黨，壞散險詖之聚，杜閉群枉之門，廣開眾正之門」，更符合儒家忠君思想。

　　由此可見《文選》和《文選補遺》的差別所在。《文選》看重的是文章「事出於沉思，義歸乎翰藻」，對文章思想要求的同時也看重辭藻技巧等。《文選補遺》看重的是文章是否合於儒家詩教，是否有助君臣治國，是否有助於風俗教化。當選文背上這麼沉重的枷鎖以後，能入選的美文就不會太多了。這也就是為什麼龍啓瑞說《文選補遺》只是「襲其名號」，「但當別為一集，而不當廁於蕭氏之後」。《文選補遺》和《文選》出發點都不一樣，一為明理，一為存文。《文選補遺》雖有《文選》之名，而無《文選》之實。

四、多選司馬遷陶淵明

　　眞德秀《文章正宗》裡多收了陶淵明不少作品，基於《文選》中「淵明詩家冠冕，十不存一二」的現實，陳仁子在此基礎上進一步大量陶淵明作品。據筆者統計，《文選補遺》選陶詩 80 首，贊 9 篇，賦 2 篇，祭文 3 篇，總共94 篇，約占《文選補遺》所選作品的十分之一，為所選個人作品數量之冠。陶淵明在宋代受到蘇軾等推崇，在詩壇的地位迅速上升，陳仁子不遺餘力地搜集陶淵明作品，迎合了當時的時代潮流。

　　陶淵明作品而外，陳仁子還收了不少司馬遷作品。《史敍論序》云：

　　　　史有敍論，自司馬遷始。魯史以前，未論也。子長以縱橫馳騁
　　　　之奇才，作為《史記》數十萬言，史法至此為之一變。班且不能及，
　　　　而況范乎？昭明略而不取，何也？今摘數篇於此，若班范可採者姑
　　　　略。嗚呼！敍論作而《春秋》褒貶之筆微矣。

陳仁子以為司馬遷史才超過班固范曄，而昭明不選，所以今特意補上司馬遷作品。史敍論共收 12 篇，全為司馬遷作品；贊共 28 篇，除去陶淵明 9 篇，其他人 1 篇，其餘 18 篇為司馬遷作品。共收司馬遷作品 30 篇，而這些作品都摘錄自《史記》。

五、四部皆涉

　　《文選補遺》選文的一大特點是所涉面極廣，經史子集四部都有涉獵，史部所收篇目尤多。

　　經部而言，序類收趙岐《孟子題辭》、何休《公羊傳序》、范甯《穀梁傳

序》、何晏《論語序》，這些都是十三經中的經典序文，爲研究各經必讀之文。收錄這些序不是陳仁子的創新，因爲《昭明文選》中已經收錄過《毛詩序》、《尙書序》、杜預《春秋左氏傳序》。陳仁子此書收錄《孟子》《論語》的序，且《孟子》列第一，體現出這兩部書，尤其是《孟子》宋代以來地位的提升，亦可推測陳仁子對儒家學術的敏銳關注。

史部而言，像詔誥、璽書、賜書、策書、敕書、告諭、奏疏、封事、上書、議、史敘論中大多數文章是從《史記》《漢書》《後漢書》《三國志》《晉書》等史書裡面直接摘錄出來的，這些文章差不多占到《文選補遺》篇幅的一半，而其中又以兩漢的居多，誇張一點說，認眞誦讀《文選補遺》，兩漢朝的歷史便大致了然於胸了。

子部而言，收王符《潛夫論》中數篇，包括《貴忠篇》《浮侈篇》《實貢篇》《愛日篇》《述赦篇》。《潛夫論》屬於子部儒家類，多爲討論治國安民之術的文章，這一點和陳仁子堅持的文章有助治國安邦是一致的，因此得以入選。

《文選》本來是文章選集，作爲《補遺》收集部的東西是理所當然的，只不過和《文選》相比，《文選補遺》集部所占比例遠不如《文選》中大，這也是因爲兩人不同的選擇標準目的所致。典型的文體如離騷、賦、樂歌、謠、詩，應用性質的問題如銘、箴、頌、贊、誄、哀策、哀辭、祭文、碑、祝文等，《文選補遺》也有搜羅，只是各自多寡不一。

六、以人廢文

《文選》看文章本身，不以人廢文，比如像潘岳等人的作品多有收錄，而《文選補遺》很重作者人品，經常以人廢文，更甚至以時廢文。二者之間的差別王鳴盛《蛾術編‧文選體》一節有論述：

> 如任彥升《宣德皇后令》、殷仲文《自解表》、繁休伯《與魏文帝箋》、阮嗣宗《爲鄭沖勸晉王箋》、阮元瑜《爲曹公作與孫權書》，此等文似皆可以不存，而蕭氏俱收入《文選》。

> 陸機、陸雲，吳之世臣，不宜仕晉，潘岳品尤卑，世稱潘江陸海，然二子但有麗詞，苦無風骨，而《文選》取之亦頗多，蓋彼所謂略其蕪穢，集其清英者。原但論其文詞之美，而不論其事，亦不論其人也，《文選》之體固如此。〔註17〕

王鳴盛以爲《文選》體例不以人事廢美文，所以《宣德皇后令》等「似皆可以不存」，而《文選》俱收。陸機陸雲以吳臣仕晉、潘岳人品卑劣，有麗詞，無風骨，而《文選》多收。同書迮鶴壽深發王鳴盛觀點，分析《文選補遺》云：

> 唐孟利貞有《續文選》十一卷、卜長福有《續文選》二十卷、卜隱之有《擬文選》三十卷，其體例當與昭明太子同，但取其文，不問其人也。宋末陳仁子本講學家，故以眞德秀《文章正宗》之法評論《文選》，則《封禪書》《劇秦美新》等篇在所必刪矣。至《後出師表》，題目雖由後人，文章固出孔明，所宜亟錄也。〔註18〕

迮鶴壽指出，《文選補遺》以眞德秀《文章正宗》之法評《文選》，不同於孟利貞、卜長福、卜隱之的續擬《文選》之作，《文選》體例是「但取其文，不問其人」，而《文選補遺》體例則是因人因事廢文。比如《劇秦美新》等以陳氏標準衡量，則必當刪去。陳仁子的標準在幾位作家作品的去取上看最顯著。

曹操是漢末一代梟雄，他有生之年雖無皇帝名號，但實際權傾朝野，國家大事皆由其掌控，漢獻帝不過一傀儡，所以有人罵他「名爲漢相，實爲漢賊」。陳仁子對曹操也評價很低，其《魏武帝論》云：

> 人臣之有功，皆所當爲之事，而奈何因之以自恣哉，此固天所以深挫之也。曹操以鬼蜮之資，恃其智力，鞭笞天下，睥睨漢之璽綬，直楮中之易。其所以劫帝許下，不敢遽發者，特以群雄未盡，而思立功以震之爾。陽爲誅討，而陰爲奸謀。虛爲高名，而實爲包禍。〔註19〕

陳仁子以爲曹操「虛爲高名，而實爲包禍」，作爲臣子卻一直覬覦於漢朝江山，此文後面還以爲曹操之所以在有生之年沒有登上帝位，並不是不想，而是赤壁之戰的慘敗影響了其奪權進度。陳氏正是基於對曹操人品的否定，即使曹操詩作慷慨悲涼，極具風骨，而一首不收，只取《祭橋公文》這樣的祭文一篇。對於已經取得帝位的曹丕，陳仁子收作品五篇，收曹植作品十五篇。可見陳氏以人廢文的標準。

陸機陸雲兄弟是東吳陸遜的後代，後來仕晉，且與權臣賈謐親善，爲賈謐二十四友之二。陸機在八王之亂中被司馬乂戰敗，爲司馬穎所殺，年僅四

〔註18〕同上。
〔註19〕〔宋〕陳仁子：牧萊胜語·卷八，清初景元鈔本。

十三歲，被夷三族，其弟陸雲亦不能倖免。陸機是太康文學的代表，但因其吳亡後仕晉又不得善終，作品無一首入陳氏書。陸雲作品僅收《逸民賦》《寒蟬賦》《吳故丞相陸公誄》三篇。

潘岳，也是賈謐二十四友之一，據說他為阿附賈謐，每候其出，則望塵而拜。後趙王倫篡位，孫秀專權，潘岳被清算，夷三族。元好問有詩曰：

> 心畫心聲總失真，文章仍復見為人。高情千古《閑居賦》，爭信安仁拜路塵。〔註20〕

潘岳詩文文辭華美，陳仁子卻一首不收，只收其侄子潘尼《乘輿箴》《釋奠頌》兩篇。潘尼文章華彩比不上潘岳，只是性情相對恬淡，不如潘岳汲汲於功名富貴。

同為賈謐二十四友的左思和劉琨，陳氏只收左思《白髮賦》一首，劉琨一首未收。

元嘉三大家中謝靈運以「叛逆」罪名被殺，顏延之接受弒帝的劉劭給的光祿大夫之職，一生顯耀，二人作品均一篇未入《文選補遺》。當然，不收謝靈運還有可能是《文選》中所收已多，沒有必要再補。但陳仁子對顏延之有意見則是確鑿的，尤其是顏延之與陶淵明的淡泊相形之下，就更顯得碌碌有所求。《文選補遺》卷三六陶淵明《飲酒》其四云：

> 趙泉山曰：「此詩讖切殷景仁、顏延年輩附麗於宋。」

陳仁子引趙泉山語又不多加按語，表明陳氏對認同此觀點。與陶淵明的高潔不仕相比，陳仁子認為顏延年、殷景仁之類依附宋顯得渺小。再加上顏延年詩文「鋪錦列繡，雕繢滿眼」，比之陶淵明的「豪華落盡見真淳」，便顯得造作，陳仁子遂選陶作九十多篇，而顏延年一首不採。

對於治國有方的皇帝，其詔誥之類陳氏會多選。對於治國無方的皇帝，陳氏可能一篇不選。如詔誥部分，收 115 篇，其中西漢 85，東漢 28，曹魏 2，晉南北朝一篇未收，相比而言，作者以為漢朝是治世，兩漢之中又以西漢為甚，因此篇目選取上差距頗大，而且具體到每個皇帝身上也差距頗大。漢高帝 9 篇、漢文帝 14 篇、漢景帝 6 篇、漢武帝 11 篇、漢昭帝 5 篇、漢宣帝 20 篇、漢元帝 16 篇、漢成帝 4 篇、漢光武帝 15 篇、漢明帝 5 篇、漢章帝 8 篇、魏文帝 2 篇。像西漢的哀帝、平帝、孺子嬰時期國家混亂，大權旁落，遂一封未收。王莽篡位，新莽政權的詔誥就更不可能收了。東漢章帝以後和帝、

〔註20〕〔金〕元好問：遺山集‧卷十一，《四部叢刊》景明弘治本。

殤帝、安帝、順帝、沖帝、質帝、桓帝、靈帝、少帝、獻帝，宦官專權，黨爭頻繁，國家風雨飄搖，漸漸陷入國祚轉移的命運，陳仁子不收其詔誥正是以人廢文、以時廢文之意。

以人廢文是陳仁子根據真德秀傳統秉持的選文標準，這種標準有利有弊。利在於形成自己的選文特色，以期達到治國和教化的目的，正所謂顯《春秋》褒貶之意，其現實意義很濃厚。尤其是在宋亡以後，陳仁子不仕元朝，秉持重人品的選文標準，也是其宋遺民情結的一種外化體現。在易代之際，陳仁子用這種方式，似乎是在勸誡世人。這種選文標準的弊端就是對《文選》嚴重的悖逆，使得很多文辭優美的作品不得入選，相反一批樸質甚至缺乏文采的應用性文體大量被收入，使得《文選補遺》可讀性大大下降，繼而也影響到他的傳播。無怪乎館臣說《文選補遺》「廢《文選》」。

第六節　《文選補遺》自亂體例

《文選補遺》四十卷篇幅不輸於蕭統《文選》，但是其精度卻是遠遠沒法和《文選》媲美。只需稍稍著力，就會發現《文選補遺》中很多自亂體例的情況。

一、注釋詳略不一

易從別處得到注釋的，比如《文章正宗》《史記》《漢書》《後漢書》《楚辭集注》有現成注釋的，陳氏可以原封不動或者稍加刪削搬過來的，這種情況注釋解說一般詳細甚至繁瑣。而原文沒有注解的，陳氏就簡單敷衍一下，甚至一字不注。後一種情況不在少數，比如卷三二從曹植的《蟬賦》到此卷末七篇賦，陳氏一字未注。卷三三從鮑照《尺蠖賦》到卷末共十二篇賦，陳氏只在幾首篇名下略略有數字，基本無注釋。可見陳仁子此書用力不勤，避難就易。

二、作者署名時稱名時稱字

《文選補遺》選錄篇章的作者名字一般稱名，這還被後人說成此書一大特色，認為方便作者流傳，不至於一些不出名的作者因署字而遭湮沒。但是陳氏此書這一點做得並不嚴謹，有時稱名，有時稱字，而且像皇帝之類都用廟號稱之，不用名，曹操稱魏武帝，曹丕稱魏文帝。而對於陶淵明，則有時

稱名有時稱字。比如卷三三《感士不遇賦》《閒情賦》、三九《祭程氏妹文》《祭從弟敬遠文》、四十《自祭文》下作者署名陶潛，而在卷三六的八十首詩、卷三八的數首贊下署名陶淵明。

三、作者並非篇篇署名

《文選補遺》一般情況是每一篇作品篇名之下署名，即使下一篇作品和上篇作品作者都是同一人，陳氏也會不避煩瑣地分別署名。比如卷三六選陶淵明的幾十首詩，只要不是組詩，陳仁子都會在每篇之下署名。但陳氏又在卷三八贊這種文體下自亂體例。此卷收司馬遷贊 18 篇，陶淵明贊 9 篇。陳仁子在《燕世家贊》署名司馬遷下注云：「下至《相如贊》並同」，接下來的 17 篇就沒再一一署名了。在《夷齊》署名陶淵明下注云：「以下述史九章並同」，接下來的 8 篇亦不再署名。雖然這些都是小細節，但亦可見陳仁子自亂其例之一端。

四、有多卷之文體所標卷數前後不一致

《文選補遺》一般如果一種文體占兩卷，就分別在文體下標上下以區別，兩卷以上一般標數字一二三等加以區別。但是陳氏不時自亂其例，明明占兩卷，又不標上下，或者一個標，一個不標。比如卷二一標「論上」，卷二二標「論」而非「論下」。卷二三、二四都是書，卻不標「書上」「書下」，只標一「書」字。卷二九、三十是「離騷」，也不標上下。卷三一到三三是「賦」，也不標一二三。凡此種種，皆是體例不一之處。

五、作者排列次序混亂

在詔誥文體下，《文選補遺》是一個皇帝接一個皇帝按時間順序排列的，非常規整。但是到其他文體中，這些作者出現順序非常混亂，並非完全按時間順序排列，並且在同一文體中也並非完全按照以人為綱的體例，有時候會出現某作者數篇作品之間還夾雜著別人的作品。比如卷五王吉《諫昌邑王疏》後是魏相《條國家便宜奏》《明堂月令奏》，接著又是王吉《言得失疏》。卷六奏疏作者順序和篇數是：翼奉 1、匡衡 2、劉向 1、杜欽 1、匡衡 1、王尊 1、薛宣 1、谷永 2、劉向 1、谷永 1，卷七奏疏順序篇數是谷永 3、劉向 1、郭舜 1、何武 1、賈讓 1、朱博 2、王嘉 1、毋將隆 1、谷永 1、伏湛 1、杜詩 1、陳元 2、桓譚 1。其中劉向、谷永、匡衡多次零散出現，陳氏都不把一人作品編

在一起，其混亂如此。這類例子非常多，茲舉一二以見其餘。

六、荀卿六賦入賦類序

《文選補遺》在一些文體之下會有序文，簡單介紹此類文體，然而卷三一「賦」類序卻異常冗長，細細觀之，陳仁子竟然把荀子《禮賦》《知賦》《雲賦》《蠶賦》《箴賦》《佹詩》六篇收入序中。陳仁子持論如此：

> 雖然，屈宋之賦家有人誦，獨荀卿之賦人希誦者。其體雖不如卿雲之贍麗，而楚賦之盛已萌蘖於此。今附注於首，以備觀覽。……

> 愚按：荀卿避讒之楚，春申君以爲蘭陵令，在屈原先，今附於此。

既然陳仁子意識到荀子的這六篇作品是楚賦的萌芽，並且在屈原之先，就應當直接收入正文，而不該收入序文，使得序文冗長，與正文比有喧賓奪主之嫌。

七、收蕭統及之後作品

蕭統《文選》不收當代在世之人作品，而《文選補遺》竟然收了蕭統及其之後人的作品，不合《文選》體例，如卷二七收昭明太子《陶淵明集序》、梁王均《昭明太子哀策文》。

八、選作與標準自相矛盾

這一點《四庫提要》有論述：

> 且所補司馬談《六家要旨論》，則齊黃老於六經；魯仲連《遺燕將書》，則教人以叛主；高帝《鴻鵠歌》，情鍾嬖愛；揚雄《反離騷》，事異忠貞；蔡琰《胡笳十八拍》，非節烈之言；《越人歌》、李延年歌，直淫褻之語；班固《燕然山銘》實爲貢諛權臣，董仲舒《火災對》亦不免附會經義。律以《正宗》之法旨，爲自亂其例，亦非能恪守真氏者。〔註21〕

館臣以爲如果按《文章正宗》的標準來嚴格要求《文選補遺》，則其中諸多篇目也是有違法旨的。另，魯仲連《遺燕將書》、董仲舒《火災對》，《文章正宗》也收錄，可見真德秀也有自相矛盾之處。

〔註21〕〔清〕永瑢：四庫全書總目·卷一八七，清乾隆武英殿刻本。

綜上，《文選補遺》有諸多自亂其例之處，《文選補遺》的編纂不夠嚴謹，有倉促成書之感，陳仁子對此書用力不勤，無怪乎前人對陳書評價不高。

第三章　劉履及其《風雅翼》

　　宋末元初的方回和陳仁子之後，整個元代中期在文選學研究專書上一直都沒有什麼成就，直到元末劉履及其《風雅翼》的出現。劉履入明不仕，且《風雅翼》的寫作是在入明之前完成，因此把《風雅翼》算成元代的文選學成就不當存在爭議。

第一節　劉履家世及其生平

　　劉履生平事蹟主要依據明謝肅《草澤先生行狀》〔註1〕。據《行狀》載，劉履，字坦之，浙江上虞人。生於延祐丁巳（1317）正月二十六日，卒「實是年冬十一月二十一日也，年六十又三。」按虛歲六十三算，是卒於己未年，其年冬十一月二十一日的西元時間是在 1380 年初，而非 1379 年底。五世祖名漢弼，在宋朝出任侍御史，諡忠公，劉履爲其編《忠公奏議》若干卷、《忠公年譜》一卷，二書已佚。漢弼的事蹟和作爲從小就對劉履的思想產生了影響，一個「忠」字，貫穿其一生，以至於元亡以後他不再出仕。

　　劉履出生時已經家道中落，甚至無錢讀書。稍長讀到忠公遺書，發奮於學。頌習講解諸經，長於《尚書》《詩經》，後開門授徒。

　　元末天下大亂，劉履於泰平山避亂，自號草澤間民，著包括《選詩補註》八卷、《選詩補遺》二卷、《選詩續編》四卷在內的《風雅翼》十四卷。戴良、謝肅等曾經爲《風雅翼》作序。謝肅序作於至正二十一年（1361），既然序寫在元代，那《選詩補註》成書必然在此之前，自然也在元亡之前了。而有的

〔註 1〕〔明〕謝肅：密庵詩文稿・文稿壬卷，《四部叢刊》三編景明洪武刻本。

學者則認爲《選詩補註》「寄寓自身的易代之感，憂國之痛」﹝註2﹞，對這種觀點的批評，已有學者指出「《選詩補註》等成於元至正年間，又何來作爲元遺民的易代之悲？」﹝註3﹞

入明以後，劉履屢次被薦，皆不就。洪武十二年秋七月，朱元璋召求賢士，浙江布政使強起之。到南京以後，朱元璋召見，賜酒食試文。在要授官之際，劉履以老辭，朱元璋賜與歸道里費，劉履卻在冬十一月二十一日生病死在了京師會同館，年六十三。

《四庫提要·風雅翼提要》記錄強起之年是「洪武十六年」，根據謝肅的行狀，劉生於延祐丁巳，卒於洪武十二年強起那年的冬天，年六十三，謝肅的記錄並無前後矛盾之處，如此劉履又怎麼會在死後四年還被舉薦呢？謝肅是劉履好友，不僅有《行狀》，也爲劉履《選詩補註》作序，甚至還有與劉履的詩歌贈答，且《行狀》中說了是洪武十四年葬，所以《四庫提要》十六年強起一說不足信。《四庫提要》又云「《浙江通志》列之《隱逸傳》中。」可知其材料來源是根據《浙江通志》，而《浙江通志》劉履條下明確說了材料來源是「《萬曆上虞縣志》」。由於《四庫提要》影響太大，現代學者仍然有沿襲此錯誤者，今專門訂正說明。

除去上面提到的著作，劉履還有家藏詩稿《草澤稿》三卷，亦有四卷本一說，後亡佚。今劉履詩在《元詩選癸集》中存詩三首，今人張劍又根據《上虞劉氏宗譜》，搜集包括《癸集》在內的十一首詩歌﹝註4﹞。

劉氏家族對劉履的影響主要是兩方面：首先家族忠孝傳統對劉履的影響。劉漢弼諡號「忠」字並且在有宋一朝得禮遇，劉履以後隱居不仕元與此有聯繫。其次，是家族的理學傳統對劉履有影響。戴良《風雅翼序》云「忠公，私淑文公者也。」文公，是指朱熹，也就是說劉家是有理學傳統。這也是爲什麼《風雅翼》的注釋有明顯的理學成分，並且仿朱熹注《詩經》楚辭體例而作。

第二節　劉履交遊考

考慮到學者對《風雅翼》的關注度不是很高，劉履的生平交遊研究都比

﹝註2﹞楊鑒生、王芳：劉履對謝靈運詩歌的接受與批評，合肥師範學院學報，2008年第2期。

﹝註3﹞張劍、呂肖奐：宋代家族與文學研究，中國社會科學出版，2009，頁387。

﹝註4﹞張劍：劉履著述考，紹興文理學院學報，2009年第5期，頁77～82。

較薄弱，本文特闢專節考論劉履交遊。

一、黃溍

　　黃溍入《元史》，危素作《大元故文獻黃公神道碑》，楊維楨作《故翰林侍講學士金華先生墓誌銘》。黃溍（1277～1357），字晉卿，諡文獻，浙江義烏人。大德五年舉教官，歷官將仕郎、台州路寧海縣丞、從事郎、紹興路諸暨州判官。至順二年入朝爲應奉翰林文字、同知制誥、兼國史院編修，進階儒林郎、轉承直郎、國子博士。後請補外，請致仕，又命修三史，丁內艱不赴。至正七年進階中奉大夫，十年致仕。年八十一卒。有文集《文獻集》傳世，《全元文》在集外更輯得五十一篇佚文。黃溍博學工文、善眞草書，加之高壽高官，所以影響力極大。

　　劉履對於黃溍而言，是絕對的後學晚輩。據謝肅《行狀》記載：

> 至正初編寫《忠公奏議》，凡若干卷，以父命，請序於金華黃文
> 獻公溍。〔註5〕

謝肅認爲《忠公奏議》是劉履所編，奇怪的是卻是奉父親之命，請黃溍作序。黃溍《劉忠公奏議集序》云：

> 其崇論宏議，既已載之國史。所不勝書，而見於家集者，固不
> 宜無傳也。公歿迨今垂百年，曾孫德輝懼其遺編久且墜軼，探舊藏，
> 得奏草及經筵所上輯語，附以館職策，總二十有七篇，以授溍，使
> 志諸篇末，庸俟後之秉史筆者。他詩文雜著，則別集存焉。〔註6〕

據黃溍的記載則說《忠公奏議》是「曾孫德輝」即劉履的父親所編撰的。綜合兩家之言，劉履此次拜訪黃溍的情形有三種可能。一是《奏議》爲劉履所編，編好以後父親德輝讓他去請黃溍寫序，劉履見到黃溍不好說是自己的功勞而轉而說父親之功，因此黃溍說是德輝所編。二是《奏議》爲劉德輝所編，謝肅在寫《行狀》的時候，因劉履奉父親之命去請黃溍寫序，因而把編纂之功也劃到劉履名下。第三種可能是劉德輝、劉履父子合力編先人著作，編好之後兒子奉父親之命去找前輩黃溍寫序，因爲父子尊卑有別，所以黃溍文中只寫了劉德輝一人，而等多年以後劉履去世，謝肅寫行狀的時候補上劉履的編纂之功。第三種可能性更大一些。

〔註5〕〔明〕謝肅：密庵詩文稿・文稿壬卷，《四部叢刊》三編景明洪武刻本。
〔註6〕李修生主編：全元文・黃溍集，鳳凰出版社，2004，29冊頁78～79。

這次拜見黃溍，對劉履而言，可謂是一次朝聖。劉履不僅得到了黃溍的序言，更得到的黃溍的鼓勵，謝肅行狀記載：

> 既爲文序之，且語先生曰：「子名法從後也，宜力學勵行，以紹先緒。」〔註7〕

黃溍的鼓勵，更讓劉履有接續先人傳統之志。對於一個年輕人而言，當代文壇泰斗鼓勵的精神力量是巨大的。

二、危素

危素（1303～1372），《明史》有傳，字太樸，江西金溪人，有家學淵源。在元朝至正元年（1341）年出任經筵檢討，負責編纂宋遼金三史，任翰林院編修、太常博士等，官至禮部尚書。至正二十年（1360）拜參知政事。曾在房山隱居四年，潛心修史。元亡後，危素本欲跳井殉國，但爲友人勸阻「國史非公莫知，公死，是喪國史也。」〔註8〕危素使《元實錄》得以保存。入明以後，與宋濂同修《元史》，一度得朱元璋賞識，後以亡國之臣被貶和州守余闕廟，淒慘地死在和州。有《危太樸文集》傳世。

據謝肅《行狀》，劉履拜謁完黃溍以後，曾協助元朝修遼金宋三史，此時主持修史工作的就是危素，此間二人必然有交往。危素奉詔訪求天下名臣逸事，劉履就向危素陳述了漢弼的任官行事。

> 及危還朝，史已成書，因錄《忠公傳》，致書報先生曰：「傳之不悉，史官責也。」〔註9〕

劉履所述內容沒能及時補充進史書，危素甚至寫信自責，可見二人有一定交情。感於此，劉履著《忠公年譜》一卷。

三、戴良

戴良（1317～1383），入《明史・文苑傳》。字叔能，浦江人。古文學於黃溍、柳貫、吳澄，又得余闕指點詩歌，有《九靈山房集》三十卷傳世。戊戌十二月（1358年初）依朱元璋，旋即棄官隱去。辛丑（1361）元授江北行省儒學提舉，不就，依張士誠。後見張士誠將敗，欲尋元軍而不得，寓居昌樂四年。洪武六年，歸隱四明山。洪武十五年，朱元璋招至南京欲授官，戴

〔註7〕〔明〕謝肅：密庵詩文稿・文稿壬卷，《四部叢刊》三編景明洪武刻本。
〔註8〕〔清〕萬斯同，明史・危素傳・卷一百七十七，清鈔本。
〔註9〕〔明〕謝肅撰，密庵詩文稿・文稿壬卷，《四部叢刊》三編景明洪武刻本。

良以老辭，忤旨下獄，第二年四月暴卒，《明史》說是自裁。戴良和劉履同年
生，卒年也只相差兩年左右，都是浙江人。他們的生活經歷相似，共同經歷
元末的戰亂，入明後隱居，又同被徵召，同樣拒絕朱元璋，同樣死在了南京。
《明史》對戴良的死因說了是非正常死亡，而謝肅的《行狀》只是說劉履病
死，沒有提及其他原因。從謝肅的記載看，朱元璋賜給劉履盤纏回家，看起
來倒是對他比較客氣，可能因為劉履從未出仕的原因。至於背後劉履究竟是
不是非正常死亡，就不得而知了，畢竟就算有，謝肅也是不敢寫的。而對戴
良，朱元璋就很不客氣，恐怕是因為戴良前後在自己和張士誠還有元朝之間
搖擺，現在又公然拒絕自己，因而難逃厄運。

　　戴良和劉履的交往，拋開兩人的年齡和地域關係，他們還有黃溍這位共
同的師長、謝肅這位共同的友人。上文已陳述戴良跟隨黃溍學文，黃溍和劉
履也有交往。

　　《全元文·戴良集》從光緒五年《上虞縣志》中輯得《風雅翼序》一文
〔註10〕，此序在明刻《風雅翼》中亦存。戴序稱此次作序是謝肅前來遊說的，
「既繕寫成書，其友謝君肅來告曰……」謝肅告知劉書的書名卷數內容寫作
因由，戴良依此作序，似乎戴良並沒有看到劉履的書本身。

　　序中戴良沒有特別交代和劉履的交情，只是對《風雅翼》做了自己的一
番宏觀評價，大致是在此書在延續朱熹傳統上的作用，最後甚至說「然則先
生是書，雖與文公諸書並傳可也」。如果戴良沒看到劉履的書，就做出這樣的
評價，恐怕也只是一般的應付文字。且今劉履詩文已經散佚，戴良《九靈山
房集》中沒有關於劉履的文字，二人恐無唱和之作。

　　綜上，戴良和劉履因為黃溍和謝肅有交集，但二人交情並不深。戴良可
能並沒有見過《風雅翼》，對《風雅翼》了解不深，《風雅翼序》中過高的評
價只是應付文字，不能當作確論，尤其是「雖與文公諸書並傳可也」這樣的
拔高之辭。

四、謝肅

　　謝肅，入萬斯同《明史·文苑傳》〔註11〕，另生平在戴良為《密庵稿》
作的兩篇序中也有涉及。元末明初浙江上虞人，字原功，別號密庵。少時與

〔註10〕李修生主編，全元文·戴良集，鳳凰出版社，2004年版，53冊頁298～300。
〔註11〕〔清〕萬斯同：明史·卷三八六，清鈔本。

唐肅齊名，稱會稽二肅。試江浙鄉闈不第，遂謝絕場屋，抱其遺經見貢師泰，得其賞識。張士誠據平江後，肅慨然欲見，沉浮數年之後，卒無所遇。張士誠滅亡後，謝肅歸隱故里。據戴良《序》，謝肅走過不少地方，文章甚得江山之助。

> 踰江渡河，北走齊魯，登泰山，臨淄水。〔註12〕

> 由金陵走濟南，走太原，盤桓吳楚齊魯燕趙晉魏之郊。〔註13〕

洪武十九年，舉明經，歷官福建按察僉事。坐事被逮，朱元璋在文華殿親自審訊。謝肅竟大呼：「文華非拷掠之地，天子非問刑之官，請下法司。」下獄以後獄吏以土囊壓殺〔註14〕。

謝肅有《密庵集》十卷。《密庵集》今常見版本有《四部叢刊》三編影明洪武本十卷、《四庫全書》八卷本。據《四庫提要》記載，十卷本傳本稀少，四庫本是從《永樂大典》中輯出：

> 《明史·藝文志》、焦竑《國史經籍志》、黃虞稷《千頃堂書目》，俱載肅《密庵集》十卷，而傳本久稀，藏書家罕著於錄，惟《永樂大典》中所收肅詩文頗多。其時肅沒未久，而姚廣孝等已錄其遺集與古人同列，知當日即重其文矣。〔註15〕

《密庵集》傳本稀少的原因恐怕是因為謝肅得罪了朱元璋，眾人怕獲罪，不敢大張旗鼓保留其文集。

戴良兩篇序中除了有不見於別處的生平資料，更有戴良對謝肅文的評價，認為他「文氣日壯」，其學有得於韓孟：

> 原功之文肖其為人，其立論閎以挺，其書事簡以悉，其序記銘贊雅健而奇警，其詩歌彬蔚而穠麗，庶幾傑出，一時流輩無敢與並者。〔註16〕

謝肅與劉履過從甚密，可以說是至交。二人有姻親關係。謝肅曾經依託自己和戴良的關係請戴良為《風雅翼》作序，謝肅本人也為《選詩補註》作序（1361），還為劉履作《草澤先生行狀》（洪武十四年，1381），謝肅文集中

〔註12〕〔元〕戴良：密庵文集序一/密庵詩文稿，《四部叢刊》三編景明洪武刻本。
〔註13〕〔元〕戴良：密庵文集序二/密庵詩文稿，《四部叢刊》三編景明洪武刻本。
〔註14〕土囊：《靜志居詩話》《善本書室藏書志》作「布囊」。按：土囊是明代用裝滿土的袋子悶死或壓死犯人的殺人工具。
〔註15〕〔清〕永瑢：四庫全書總目·卷一百六十九，清乾隆武英殿刻本。
〔註16〕〔元〕戴良：密庵文集序一/密庵詩文稿，《四部叢刊》三編景明洪武刻本。

保留有《劉處士行狀》，是爲劉德明而作，漢弼是德明的曾伯祖，德明算劉履的叔父輩，可見謝肅和上虞劉家交情之深。《密庵集》中留存和劉履有關的詩一首：

> 庚戌秋七月，中山劉坦之先生補註選詩，辭簡而事明，論切而指達，正五臣之荒謬，黜蒼山之淺鄙，擷花採實，成一家言，蓋可以行今而傳後者也，詩以美之
>
> 　西風吹雨作朝晴，覽鏡應憐白髮生。金馬玉堂宵入夢，石田茅屋豈關情。五言謾寫林間竹，初醞聊飛海上舩。不有簡編工著述，悠悠百世竟何名〔註17〕。

庚戌爲洪武三年（1370）。此詩和謝肅所作《選詩補註序》一樣，總結《選詩補註》特點，盛讚不已，可見謝肅對劉履的欣賞。

謝肅和劉履的詩文唱和還有與孝女朱娥有關的詩文，謝肅作《孝女朱娥詩序》，劉履作《詠朱娥祠》，詳細情況將在薛文舉部分介紹。

劉履從子劉翼南《密庵詩稿後序》言及謝肅和劉履關係：原來謝肅和劉履有姻親關係，謝肅是劉翼男從姑之夫，劉履時常拜謁謝肅。劉履死後，謝肅教導劉翼南學業。洪武十六年謝肅舉薦劉翼南於朝。謝肅獲罪死後，劉翼南冒險小心保存編輯謝肅文集，「八年始克先錄梓詩」，「始書錄梓之歲月云：洪武戊寅春正月上丁沛郡劉翼南謹序。」〔註18〕

據《行狀》載，劉履去世後靈柩運回故鄉，「士友」謝肅、鍾霆、王誠等悼哭劉履，並且私諡爲「貞恭先生」。

附帶說一下，鍾霆、王誠資料較少。據《浙江通志》「洪武四年辛亥科吳伯宗榜」：

> 鍾霆，上虞人，江陵縣丞。王誠，上虞人，魚台縣丞。〔註19〕

《萬曆紹興府志》卷三二、三三有類似記載，稍略於《浙江通志》。又據《皇明貢舉考》二人是「第三甲一百名，賜同進士出身，俱授縣丞。」〔註20〕

五、薛文舉

據《萬曆紹興府志》等，薛文舉，字才用，上虞人。

〔註17〕　〔明〕謝肅：密庵詩文稿・丙卷，《四部叢刊》三編影明洪武刻本。
〔註18〕　〔明〕謝肅：密庵詩文稿・己卷，《四部叢刊》三編影明洪武刻本。
〔註19〕　〔清〕嵇曾筠：（雍正）浙江通志・卷一百三十，文淵閣四庫全書本。
〔註20〕　〔明〕張朝瑞：皇明貢舉考卷二，明萬曆刻本。

質敏好學，有聲儒林，邑大夫聘爲弟子師，後膺文學召起爲太
常博士。所著有《訥齋遺稿》〔註21〕。

據謝肅《行狀》，在劉履去世時（洪武十二年十一月），薛文舉已經是太
常博士，謝肅另有《送太常博士薛文舉還朝序》，時間是洪武十四年五月，據
《禮部志稿》：「國初禮部主事」，「薛文舉洪武二十五年任」〔註22〕。薛文舉
出仕明朝，且長期在朝有職位。

薛文舉和謝肅有交往，和劉履也有交往。據謝肅行狀「而今太常博士河
東薛文舉謂：『貞恭二字私諡先生者，甚當。』遂用之。」可見薛文舉也關心
過劉履的身後事。

張劍根據《上虞劉氏宗譜》錄劉履詩歌十一首：《古意》《題蘭亭觴詠圖》
《春草圖》《正旦》《自釣川還值雨感懷寄徐銀君》《逢張十七》《石田山房嵯
峨》《項萬戶斥侯滿代》《溪山蕭散圖》《青山白雲》《詠朱娥祠》。詩後還有劉
履短跋：

適見文舉遊山雅製，誠傑作也，末章奮逸，有「寧懷棲遁賢」
之句，令人感發，輒賜韻以寫鄙懷云。劉履頓首。

又有劉未敬跋：

右先坦之公手書詩稿一篇，與同邑薛公文舉互相酬唱者也，流
傳近五百載……〔註23〕

可知二人交從甚密，酬唱之作不少，賴《宗譜》得以保存。另謝肅《密庵集》
有《孝女朱娥詩序》，與劉履《詠朱娥祠》合，當時的酬唱還有謝肅在內。當
時劉履、謝肅、薛文舉、鍾霆、王誠等因爲同爲上虞人，所以時有交遊唱和。

第三節　《風雅翼》版本考

《風雅翼》十四卷，是「《選詩補註》八卷《選詩補遺》二卷《選詩續編》
四卷」三書總名〔註24〕。雖然《風雅翼》一名，在元代已有，如戴良《風雅
翼序》云：

《補註》凡八卷，《補遺》二卷，《續編》四卷，合十四卷，以

〔註21〕〔明〕張元忭：萬曆紹興府志・卷三十，明萬曆刻本。
〔註22〕〔明〕俞汝楫：禮部志稿・卷四十一，清文淵閣四庫全書本。
〔註23〕張劍：劉履著述考，紹興文理學院學報，2009年第5期，頁77～82。
〔註24〕上圖線善774494-503，《續編》部分爲五卷，詳見版本考。

其可爲風雅之羽翼也，故通號曰《風雅翼》。〔註25〕
但一般還是將三種子書名都著錄出來的多，且各版本卷端一般也是分別題三種子書書名，只有《四庫全書》本卷端題「風雅翼」。

比較集中探討《風雅翼》版本的有范志新《文選版本論稿》《文選版本擷英》二書，范文重點探討《善本書目》著錄的「明初刻本」，又羅列《風雅翼》諸多版本書影，並有簡單說明。孫振玉《山東大學圖書館藏〈風雅翼〉敘錄》、《顧存仁養吾堂刻〈風雅翼〉敘錄》二文，涉及山大圖書館所藏何景春本、養吾堂本。今筆者結合已有研究成果，并竭力收集國內所藏此書幾乎所有版本，進一步探討《風雅翼》複雜的版本問題。

一、元末明初鈔本（佚）

謝肅《選詩補註》序作於至正二十一年（1361），可知《選詩補註》在此之前已經成書。又戴良《風雅翼序》作於至正乙巳（二十三年，1363），可知《風雅翼》在此之前已經成書。在成書以後，《風雅翼》一書一段時間內以鈔本流傳。

比如據戴序「既繕寫成書，其友謝君肅來告曰」，可知《風雅翼》成書以後，劉氏先有謄清稿本，此時尚無刻本。此本今不傳。

又比如楊士奇《風雅翼三集三首》記載：

> 余所藏錄本，友人張從善手筆。從善，名登，大同人。從其父戍武昌，操行堅確，篤學不懈，手錄書至富。余客武昌時，相與往還甚厚。丙子冬，余歸廬陵，以余重此編，贈以識別。〔註26〕

又其《遊東山記》云：

> 洪武乙亥余客武昌。〔註27〕

知楊士奇乙亥（洪武二十八年，1395）客武昌，大約此時見到張登的鈔本，到丙子（洪武二十九年，1396）歸廬陵時，張登以所抄《風雅翼》贈送給楊士奇。此本今不傳。

以上兩種鈔本表明，在《風雅翼》刻本還沒有或還不十分普及的時候，

〔註25〕《選詩補註》，明初八行二十字刻本（即何景春正統三年刻本，下將論及），其中卷一及序配補明十行十九字白棉紙刻本（乃天順刻本，下將論及），上圖藏，索書號：線善 774494-503。本文所引戴序如無特別說明，即出自此。

〔註26〕〔明〕楊士奇：東里集・續集・卷十九，文淵閣四庫全書本。

〔註27〕〔明〕楊士奇：東里文集・卷一，明正統間刻本。

鈔本也是其重要的流傳方式。

二、明洪武上虞刻本（佚）

《風雅翼》有明刻本十種左右，其中有的已經亡佚今不得見，有的雖然著錄爲一版，但目驗原本以後發現並非一版，而且各本之間關係尚待釐清，其版本系統異常複雜。

（一）《風雅翼》最早刻本為上虞本

《風雅翼》在元末成書，初以鈔本流傳，後在上虞刊刻，稱上虞本，又稱紹興本，上虞行政上隸屬紹興。楊士奇《風雅翼三集三首》云：

> 後來京師，始知有刻板在上虞。……始余得刻本，字畫完好如
> 新。〔註28〕

又宣德間曾鶴齡《重刊風雅翼序》云：

> 顧紹興刻版，歲久弗完，今不重刊，曷由廣及？〔註29〕

由此可知，《風雅翼》有上虞刻本。上虞爲劉履家鄉，在此首刻，理所當然。然而，現存明初刻本的曾日章序卻給人現存本是首刻的錯覺：

> 建陽書籍甲天下……書林詹宗臂氏求奇書於新安，與吾心有同
> 然者，乃持此書畀之。〔註30〕

曾序又云：

> 使天下之人，皆如潘公之於施教，皆如詹公之緩於圖其利，而
> 刊古人未售之書，若劉先生之是編，則事功與著述可並傳於世也，
> 又何難易之云乎哉？

曾序是爲明初建陽詹氏書林刊刻《風雅翼》而作，地域上屬於建陽，顯然不是上虞本。「而刊古人未售之書」似乎容易理解成此前此書未經刊刻，沒有售賣。這與上虞本首刻的事實有衝突。筆者以爲此「未售之書」可理解爲此前的上虞本爲家刻本，並不以營利爲目的，詹氏刻本爲書坊刻本，第一次用於售賣。楊士奇《風雅翼三集三首》記載其得到上虞本的情況：

> 最後得此本於前禮部侍郎劉翼南。翼南，坦之從子。〔註31〕

〔註28〕〔明〕楊士奇：東里集・續集・卷十九，文淵閣四庫全書本。
〔註29〕〔明〕曾鶴齡：重刊風雅翼序，見華師大藏明宣德間陳本深刻《風雅翼》。
〔註30〕〔明〕曾日章：風雅翼序，見華師大藏明初刻本《風雅翼》。
〔註31〕〔明〕楊士奇：東里集・續集・卷十九，文淵閣四庫全書本。

可以證明上虞本極有可能是家刻本，多用於贈送當時有朋文人。刊刻者爲劉氏後人，很可能就是劉翼南本人。首先保存先人文獻是後代義不容辭的責任，其次劉翼南也有保存文獻的意識和刻書經歷。比如他冒險保存了獲罪致死的謝蕭文集，並且在 1398 年進行了刊刻。且楊士奇能從劉翼南那得到後印本，也是旁證。

（二）上虞本刻在明初而非元末

楊士奇《風雅翼三集三首》載：

> 右《風雅翼》，一部四冊。余初客武昌，得《風雅翼》錄本。後來京師，始知有刻板在上虞。是時士大夫求之寖多，余亦凡得十數本，而皆爲親友持去。最後得此本於前禮部侍郎劉翼南。翼南，坦之從子。始余得刻本，字畫完好如新。裁十餘年，已漸昏缺如此，固由乎求之者之多歟？〔註32〕

早前引文已知楊士奇丙子（洪武二十九年，1396）離開武昌，此時他還不知道《風雅翼》有刻本，則此時可能還未刻，或者已刻而楊不知。「後來京師，始知有刻板在上虞。」《明史·楊士奇傳》：

> 建文初，大集諸儒修《太祖實錄》，士奇已用薦，徵爲教授。當行，王叔英復以史才薦，遂入翰林充編纂官。〔註33〕

楊士奇在建文帝初年（1399）入京師，此時已經有刻板在上虞，而且士大夫爭相求取，楊士奇自己就有十餘本，後來都被親友拿走了。這批書「字畫完好如新」，是初印本，其刊刻時間與楊氏得書時間（建文初年）當相去不遠，所以上虞本不會刻在元代，應當刻在洪武間〔註34〕。

十多年以後，楊士奇又從劉履從子劉翼南手中得到了一個後印本，因爲書版印刷次數太多，此後印本已經「昏缺如此」。由此推之，楊士奇得到上虞版後印本是在 1410 年之後。而且可知上虞版在當時印刷次數較多，應當有一定的流傳。

除去上面兩種印本，楊士奇還得到過《風雅翼》第三種印本：

> 右《風雅翼》一部四冊，永樂丁酉郭公緒自浙江來京以見贈者，

〔註32〕〔明〕楊士奇：東里集·續集·卷十九，文淵閣四庫全書本。
〔註33〕〔清〕張廷玉：明史·卷一四八，清乾隆武英殿刻本。
〔註34〕范志新《風雅翼四考》「風雅翼沒有元刻本」也認爲《風雅翼》無元刻本。文選版本論稿，江西人民出版社，2003，頁 114～116。

雖頗有脫板，然比近得者文字差明白〔註35〕。

此本於永樂丁酉（1417）得到，來自浙江，很可能也是上虞本的後印本。此本雖有脫版，但是比上一個後印本的文字要明白些。

上虞本今未得見，應當不存。《善本書目》著錄蘇州文管會、上圖、華師大、山大所藏的「明初刻本」並非上虞本，下將論及，此處從略。

無論如何，上虞本爲初刻，當爲以後眾多刻本之祖本。

二、明永樂初建陽書林詹氏刻本（佚）

華師大藏明初刻本（索書號：SV31-1657.674）曾日章序云：

> 先生力學不得行道濟時，而留意於著述，其書幸傳而猶病其不廣也。鴻臚少卿潘公文錫，由進士登官途，於前人著述有關於世教者，汲汲以傳導後學之心爲心。得《風雅翼》之編於會稽上虞，來謂余曰：此書僅在一方，久恐蕪沒。吾家浦城，視建陽爲鄰邑。建陽書籍甲天下，然其人以爲貨居，以時之所需用爲印行之緩急，而名教有所不論也。獨新安金德玹氏，超出流俗之中，得書之可傳者，不計時之用否，必欲鋟梓以傳。書林詹宗臀氏求奇書於新安，與吾心有同然者，乃持此書畁之。惟子序其所由來。嗟乎！使天下之人，皆如潘公之於施教，皆如詹公之緩於圖其利，而刊古人未售之書，若劉先生之是編，則事功與著述可並傳於世也，又何難易之云乎哉？
>
> 翰林侍讀兼鴻臚寺少卿曾日章序。

由曾序可知，潘文錫、金德玹在上虞得到《風雅翼》，欲其流傳更廣，便請建陽書林詹宗臀氏鋟梓刊刻。序末署「翰林侍讀兼鴻臚寺少卿曾日章序」，而《館閣漫錄》卷一云：

> （洪武三十五年七月）戊子擢儒士曾日章爲翰林院侍讀。〔註36〕

又《吳中人物志》載：

> 曾日章初名燧，後以字行，吳江人。洪武間舉秀才，爲黃陂令，擢翰林院侍讀。永樂初奉使交阯，尋從西平侯出征，沒於軍中。〔註37〕

〔註35〕〔明〕楊士奇，東里集・續集・卷十九，文淵閣四庫全書本。
〔註36〕〔明〕張元忭，館閣漫錄・卷一，明不二齋刻本。
〔註37〕〔明〕張昶，吳中人物志・卷四，明隆慶張鳳翼張燕翼刻本。

又《松陵文獻・曾日章傳》記載更爲詳盡：

> 曾燦，字日章，以字行。父樸，浙西醫學提舉，自杭遷吳江，家學宮之後。日章博學有才智，洪武十七年以貢授黃陂知縣，興學校，課農桑，政聲大著。秩滿，解官歸。三十五年，以薦擢翰林院侍讀。永樂元年，與修《永樂大典》。未幾，奉詔諭安南。黎蒼語不遜，日章折之，具服，宣讀如禮。二年使還，陳黎氏篡立當伐狀。四年四月，命從西平侯發雲南兵，間道討之。又造輕舟數百，越嶺嶠，舁至富良江，軍中文檄皆出其手。賊平，贊畫功爲多。五年還報，復命往諭諸將，至軍中以疾卒，年六十三。〔註38〕

則曾日章在洪武三十五年（即建文四年，1402）升翰林侍讀，永樂元年修《永樂大典》，「未幾」出使安南，永樂四年在軍中，永樂五年（1407）去世。所以，曾序寫作時間必然在永樂初，而且很可能是在修《永樂大典》時，此時比較清閒安定。

又黃識內容多引曾序，則黃識更在曾序以後。曾序、黃序爲建陽詹氏書林刻本而作，則詹本當刊刻在永樂初。范志新考證華師大藏此明初刻本爲正統三年何景春刻本不誤（下將考證），但以爲曾序「述何本刊刻前後甚詳」〔註39〕，并認爲「是知金、詹兩氏未能實際踐行，而最終得以刊行，實賴何氏之力」〔註40〕，范氏前後兩說矛盾，且兩說皆爲誤讀。此序作於永樂初年，何本刊刻在三十多年以後，曾氏不可能提前三十餘年爲何景春的刊刻作序。曾序應當是爲永樂初年建陽詹氏書坊的那次刊刻而作，書坊財力人力雄厚，且書刻出來即可盈利，詹本當時應有刊刻，惜今不傳。若如范氏所言，詹本當時并未刊刻，那爲詹本所作的序恐怕難以單獨流傳三十年之久，直到三十多年後又被何刻本收錄。

上圖、蘇州文管會、山大藏明初刻本有「新安金德玹仁本校正」字樣，且曾序中也提及金德玹。范氏考訂曾序中涉及的金德玹生卒年，發現金德玹正統三年（1438）時尚在世。范氏考訂金德玹生卒不誤，但永樂初曾日章作序時，金德玹已經二十多歲，已經具備作爲校勘者的學養、能力。《新安文獻志》載蘇大《金仁本德玹傳》略云：

〔註38〕〔清〕潘檉章：松陵文獻・人物志・卷三，清康熙三十二年潘耒刻本。
〔註39〕范志新：文選版本論稿，頁118。
〔註40〕范志新：文選版本擷英，頁138。

> 金德玹，字仁本，休寧汪坑橋人。家世業儒，至德玹而貧。好
> 學，手自抄錄，箱帙滿家。……

> 嘗以先儒遺書，精神心術所寓，湮沒不傳爲己任，遍訪藏書家，
> 得陳氏《四書口義》，……上虞劉氏《選詩補註》，胡氏《感興詩通》
> 三十餘般，抄校既畢，遣子輝送入書坊，刊行天下。劉用章先生深
> 嘉其志。……卒年七十二。〔註41〕

其中明確提到金德玹得到「上虞劉氏《選詩補註》」，「遣子輝送入書坊，刊行
天下」。又蘇大《新安文粹後跋》云：

> 庚午夏值回祿之災，茲事未遑，明年仁本沒。……

> 天順二年龍集戊寅仲冬八日日南至蘇大書。〔註42〕

由此可知，金德玹庚午（景泰元年，1450）年卒，年七十二，則金氏當生於
洪武十二年（1379）。即便按詹氏刻本最早刊刻時間爲永樂元年（1403），金
德玹也已經二十五歲，此時也已經具備了搜集佚書、校勘文字的學養，不至
於不合情理。

　　以上這些證據都表明何本應當是據詹本重刻而來，詹本並非未刊刻。

　　《善本書目》所著錄的四種明初刻本，華師大本和山大本雖都有曾序，
但這四種藏本都不是詹本。台北「國圖」著錄藏「明初詹氏書林刻本」，經筆
者對比書影，與華師大本同版，也非詹氏刻本。具體考證見正統三年何景春
刻本一節。

三、明正統三年（1438）何景春刻本（存，八行二十字）

　　《中國善本書目》著錄上圖、華東師大、山大、蘇州文管會的「明初刻
本」，筆者經眼上圖本數據化彩圖書影全本、華師大本原書，見山大本、蘇州
文管會本影印書影數葉。

（一）華師大本經眼錄

　　《選詩補註》八卷，華東師大藏本，索書號：SV31-16 57.674，一函八冊，
金鑲玉修補，華師大著錄爲元至正二十五年刻本。每半葉八行，每行大字二
十字，小字雙行同字。黑口，雙黑順魚尾，四周雙邊。開本縱 25.6cm，橫 14.3cm，

〔註41〕〔明〕程敏政：新安文獻志・卷九十五下，清文淵閣四庫全書本。
〔註42〕〔明〕金德玹輯、蘇大訂正：新安文粹，四庫存目叢書影印北平圖書館藏天
　　　　順四年刻本。

正文首葉內板框縱 19cm，橫 10.3cm〔註43〕。黃麻紙。

　　此本序拉通標葉，而非每序重新計葉。首爲戴良《風雅翼序》、次夏時《選詩補註序》、謝肅《選詩補註序》、曾日章《風雅翼序》、黃南子識、《選詩補註凡例》，次目錄，次正文《選詩補註》八卷。目錄無「建陽縣知縣何景春捐俸刊」字樣。

　　此本特徵是在當點斷字下方偏右刻小空心圓圈。第一次出現人名右側刻豎線，如卷一首葉：「枚乘」之「乘」、「昭明」、曾原之「原」、張衡之「衡」；蘇武之「蘇」、李陵之「陵」，卷二首葉「魏武帝」，曹操之「操」，董卓之「卓」。認爲需改之字，在字外圍刻空心圓圈，將字圈住，比如「玉衡指孟冬」之「冬」。

　　卷一卷端題「選詩卷第一」「上虞劉履補註」，上魚尾下方一般刻「選詩一卷」，但卷一葉一版心刻一些黑色符號。下魚尾下方刻葉數。

　　台北「國家」圖書館藏明初本八行二十字，台北著錄爲明初詹氏書林刻本，經對比書影，台北本行款、版式、字體、斷口均與華師大明初本合，二者當同版。

從左至右依次爲台北「國圖」明初刻本、華師大明初刻本卷一卷端局部。二者字體細部一致，「四」「愁」左側的欄線斷口也一致。二書當同版。台北藏本「下」字右下角無圓圈，是由紙頭破損壞導致，並非原本不刻。

〔註43〕筆者所量板框數據如無特別說明，皆爲內框數據。

（二）上圖本經眼錄

《選詩補註》八卷《補遺》二卷《續編》五卷，《補註》存一至五卷，且《補註》卷一配明白綿紙刻本，上海圖書館藏，索書號：線善774494-503，十冊。上圖有兩條著錄，一條著錄爲明初刻本，一條著錄爲元至正本。卷二以後爲黃麻紙。每半葉八行，每行大字二十字，小字雙行同，黑口，雙黑順魚尾，四周雙邊。《補註》卷二卷端首行題「選詩卷第二」，次行「上虞劉履補註」。《補遺》卷上卷端首行題「選詩補遺卷上」，次行「上虞劉履精選」，第三行「康衢謠　新安金德玹校正」。《補遺》卷下卷端首行題「選詩補遺卷下」，次行題「上虞劉履校選」。《續編》卷一至卷四首行題「選詩續編卷第某」，次行「上虞劉履校選」。《續編》卷五第一行題「選詩續編卷第五」，第二行題「新安胡炳文仲虎通」，第三行題「上虞劉履坦之補註」，第四行題「新安金德玹仁本輯錄」。卷五正文以前還有胡炳文元泰定《感興詩通序》、《感興詩通凡例》。

後文將論及的陳本深本、明初黑口本、王璽本、天順本、顧存仁本，凡是有《續編》與《補遺》的（蕭世賢本只存《補註》），《續編》《補遺》都題「上虞劉履校選」，並且不出現「金德玹」字樣，且《續編》都只有四卷，非五卷。以上信息表明，此本一系不同於陳本深本、天順本、王璽本、天順本、顧存仁本，金氏對原書改動很大。

此本《續編》作五卷，其他如陳本深本、天順本等作四卷，二者內容差別如下：卷一卷二內容同。此本卷三只有其他各本卷三的前半部分「韋蘇州十八首」「韓文公十首」；卷四是由其他各本卷三後半部分「柳柳州四首」「張司業一首」、卷四前半部分「王荆公二首」、「朱文公詩二十七首」的前七首組成。卷五則是由其他各本「朱文公二十七首」之後二十首「朱文公感興詩二十首」組成，此本卷五首有胡炳文《感興詩通序》、《感興詩通凡例》，卷五正文即胡炳文《感興詩通》，配以劉履對二十首「感興詩」所作的補註。「感興詩」是朱熹重要的理學詩，元代胡炳文爲其做過詳注，名曰《感興詩通》。此次刊刻，金德玹對劉履原書改動巨大。

胡氏《感興詩通》一卷，現存最早單行本爲明成化刻本，上圖此本比成化本早幾十年，當爲《感興詩通》現存最早刻本，其文獻價值不言而喻，研究胡氏此書者當關注此書。

上圖本《選詩補註》卷一配明白綿紙本。此本有題簽云「元朝本《風雅

翼》，共十本，頭本配明棉紙一本」。配本首爲戴良序、夏時序、謝肅序、凡
例，次目錄，次《選詩補註》卷一正文。配本版式爲半葉十行，行十九字，
與蕭世賢本、顧存仁養吾堂本版式一致，且「玉衡指孟冬」句小注錯訛一致。
字體與蕭本極像，但並非一版。後又於華師大藏天順本比勘，據斷口和字體，
知上圖所配卷一爲天順本。

從上至下依次爲上圖本明初刻本（卷一配補明白綿紙本）、華師大藏明天順刻本卷一
卷端局部。二者字筆畫細部、間架一致，且「梁」字右側欄線斷口也一致。可知二者
同版，上圖明初刻本卷一配補爲天順本。

從左至右依次爲華師大明初刻本、上圖明初刻本卷二卷端局部。二者行款、版式、字
體細部、「武帝」左側欄線斷口、「魏武帝」右側刻豎線均一致，可判定二書同版。

經對比書影，上圖明初本線善 774494-503（卷二以後）與華師大本（SV31-16 57.674）同版。

（三）山大藏本與華師大本同版

山大藏本原書筆者未經眼。《第二批國家珍貴古籍名錄圖錄》第九冊 102 頁收錄了一張明初刻本書影，書影下說明有華師大、山大藏本。筆者用華師大本與珍貴古籍名錄書影相對比，發現二者蟲口位置、天頭大小不一致，則珍貴古籍名錄圖錄所用書影爲山大藏本。

對比此山大本書影與筆者所拍華師大藏本，二者行款、版式、字體、筆畫細部、刻句讀、首次出現人名在右側刻豎線的特徵均吻合，表明華師大本與山大本同版。

從左至右依次爲華師大、山大藏明初本卷一卷端局部。二者字體一致，且「四愁」二字左側欄線、「下」字右側欄線斷口也吻合。二者同版。

（四）蘇州文管會本與華師大本同版

范志新《文選版本擷英》提供的蘇州文管會何景春本書影模糊不清，無法直接用范書書影與其他本對比，判定同版與否。

《第二批國家珍貴古籍名錄圖錄》第九冊 101 頁收錄蘇州博物館藏「明前期刻本」書影，此本半葉八行二十字，黑口，這些特徵都與華師大藏本、上圖藏本、山大藏本特徵符合，唯其他各本四周雙邊，此本左右雙邊，似乎

不爲一版，似乎此本是《善本書目》漏收的重要版本。但筆者對比《擷英》
一書蘇州文管會藏本與《古籍名錄》一書蘇州博物館藏本，二者蟲口一致，
當爲一部書。可能是文管會本八十年代後調撥至蘇博收藏。

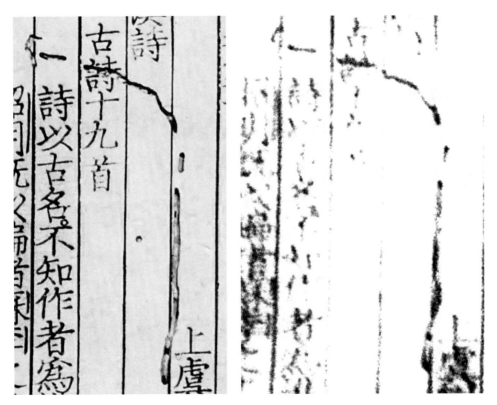

從左至右爲《珍貴古籍名錄》收蘇博藏本、《擷英》收蘇州文管會藏本卷一卷端書影
局部。二者蟲口一致，據以判定本爲同一部書，先後藏兩個單位。

　　《善本書目》將上圖、華師大、蘇州文管會、山大四本列爲一條，則表
明《善本書目》認爲此四部書同版，前已證明上圖、華師大、山大本的確同
版。唯獨《古籍名錄》提供的蘇博本（即蘇州文管會本藏本）清晰書影是左
右雙邊，不同於其他三本四周雙邊，豈非《善本書目》著錄有誤？
　　筆者以華師大藏本書影與蘇州博物館藏本（即蘇州文管會藏本）書影比
勘，無論字體、筆畫細部都能吻合，唯板框一爲四周雙邊、一爲左右雙邊不
合，部分欄線斷口不合。蘇博本四周板框粗黑且筆直，幾乎沒有斷口，欄線
也偏粗且直，筆者懷疑蘇州博物館藏本板框、欄線部分被後人用毛筆描摹過，
因而從四周雙邊被描成左右雙邊，但其實與華師大本、山大本仍爲一版。《古

籍名錄》記錄山大本、蘇博板框橫向長度，一爲 11cm，一爲 11.4cm，這種差別可能因爲有的量內框、有的量外框造成誤差，不能據此判定二者不同版。

從左至右依次爲華師大、蘇博藏本卷一卷端局部。二者字體一致，且「四愁」二字左側欄線斷口也吻合，當爲同版。

蘇博本卷一卷端上板框，疑板框經描摹

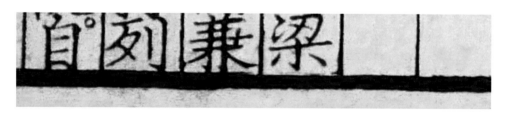

蘇博本卷一卷端下板框，疑板框經描摹

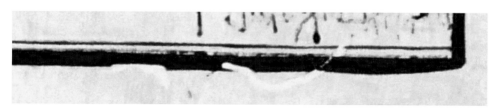

蘇博本卷一卷端右板框，疑板框經描摹

　　蘇博本（蘇州文管會本）板框雖與他本不合，實由於後人描摹所致。經對比字體，蘇博本實與華師大本同版。

　　第一至四節已分別證明華師大本與上圖本（卷二以後）、山大本、蘇州文管會本（即蘇博藏本）同版，即《善本書目》著錄的四種明初刻本同版。

（五）善本書目著錄之四種明初刻本實為正統三年何景春刻本

　　《善本書目》著錄上圖、華師大、山大、蘇州文管會四部「明初刻本」，學界存在爭論。比如上圖對其藏本有明初刻本、元至正刻本兩條自相矛盾的著錄，華師大將其藏本著錄為元至正刻本。

　　范志新經眼蘇州文管會本，并得華師大本一葉書影〔註44〕。孫振玉經眼山大藏本。據范氏與孫氏描述蘇州文管會本與山大本目錄首行題「風雅翼選詩總目」，第二行「上虞劉坦之輯選」，第三行「新安金德玹仁本校正」，第四行「建陽縣知縣何景春捐俸刊」。范氏進一步考察何景春作建陽知縣時間在正統間。范氏以為：

　　　　是書卷前總目有「何景春捐奉刊」，考證出何當建陽令在正
　　　統三年左右，「故可定為正統本，《書目》將此闌入明初本是失察
　　　〔註45〕。

又筆者另據《弘治八閩通志・秩官》：

　　　　何景春：建昌人。宣德中建陽縣丞。有為而善謀，豪強帖服，
　　　民賴以安。其於興學勸士尤所留意。擢本縣知縣〔註46〕。

同書「建陽縣知縣」條：

　　　　何景春、王原善、尹戴魯俱正統間任〔註47〕。

何景春的確在正統間任建陽縣知縣。又《國榷》云：

　　　　丁巳正統二年（三月）：建陽縣丞何景春為知縣。

可知何景春升為知縣的確切時間是正統二年。再結合范氏考證，何景春、王原善是在正統二年到四年間擔任知縣，王原善至少要在正統四年任職，加上刊刻《風雅翼》的時間至少需要一年，所以把刻刊刻時間定在正統三年是比較確切的。由此，所謂的善本書目著錄的蘇州文管會藏明初刻本實際上是正

〔註44〕范志新：文選版本論稿，江西人民出版社，2003，頁118～119。
〔註45〕范志新：文選版本論稿，江西人民出版社，2003，頁154。
〔註46〕〔明〕陳道：（弘治）八閩通志・卷三七，明弘治刻本。
〔註47〕〔明〕陳道：（弘治）八閩通志・卷三二，明弘治刻本。

統三年何景春重刻本。

孫氏經眼山大本，也有「何景春」字樣，則山大本也當是何本。華師大本、上圖本雖無「何景春」字樣，但前已證明，華師大本、上圖本、山大本、蘇州文管會本四者同版，則華師大本、上圖本也應當是何景春本。

既然以前被認爲現存最早的「明初刻本」實際上是「何景春正統本」，而其餘刻本又各有歸屬，則「上虞本」、詹氏書林刻本應該是沒有流傳的，范氏《文選版本論稿》持論如此，卻又在《文選版本擷英》中出現了「上虞本」的書影〔註48〕，前後矛盾。經筆者對比，《擷英》所用「上虞本」書影實爲華師大藏本，也當是何景春刻本，並非「上虞」本。

（六）何景春刻本底本問題

何景春刻本和紹興刻本之間的關係，范志新以爲何景春正統本（1438）不出自陳本深宣德九年本（1434）而直接從紹興上虞初刻本而來。理由有二：一是宣德本曾鶴齡序說紹興本舊序順序是：戴夏謝。而宣德本順序是：戴謝夏。何本順序是：戴夏謝，次序與上虞初刻本合。二是何本行款半葉八行行二十字，與諸本不同，似與初刻本合〔註49〕。第一條理由很牽強，因爲在刷印過程中，如果各序獨立，同一刻板，不同印次，序的安放順序都很可能不同。不能以序的順序來判定版本。第二條理由「似與初刻本合」，一個似字表明范志新只是推測，他本人也沒有見過紹興刻本，而上文范志新「上虞本」書影就不知從何而來。第二條論據邏輯不嚴密。第二條可以說成是正統何本行款半葉八行行二十字，與包括宣德陳本在內的諸本不同，因而何本可能不出於陳本而出自紹興本或其翻刻本。

筆者以爲，何本底本不是陳本，也不是上虞本，而是詹氏書林刻本，而詹氏書林刻本源於上虞本。

詹刻本爲上虞本之後的第二刻，最有可能參考的就是上虞刻本或者當時流傳的抄本。爲詹刻本而作的曾日章序云：

> 鴻臚少卿潘文錫得此編於上虞。

曾序明確了詹本底本來源於上虞，而《風雅翼》初刻就是在此前不就的上虞刊刻，所以詹本依據的底本很可能是上虞本。

據戴良序，《風雅翼》原本爲十四卷，其中《續編》爲四卷，而現存上圖

〔註48〕范志新：文選版本擷英，貴州人民出版社，2004，頁135。
〔註49〕范志新：文選版本論稿，江西人民出版社，2003，頁116～118。

藏本《續編》有五卷，且《續編》卷五題「新安胡炳文仲虎通／上虞劉履坦之補註／新安金德玹仁本輯錄」，則卷五採用胡氏《感興詩通》是金德玹所為，金德玹又是為明初詹氏書林刻本作輯錄、校勘，且何本收為詹本刊刻所作的曾日章序，可見何本當來自詹本。陳本也是十四卷，不同於何本，所以何本不來自陳本。

（七）對何本的評價

上圖、華師大、山大、蘇州文管會（現藏蘇博）藏何景春正統間刻本為《風雅翼》除宣德陳本深刻本外，最早刻本。其版刻系統獨立，不同於現存其他各本。尤其是上圖本存《續編》五卷，卷三卷四卷五卷次內容排列是對其他各本卷三卷四內容的重新拆分組合，卷五全文收錄胡炳文《感興詩通》，對保存胡書有重要作用，但已非劉履書原貌。

何景春本襲用詹氏書坊刻本，有明顯的坊刻本特徵。比如刻句讀符號，其所刻句讀也並不高明，爾有點錯之處，如曾序「鴻臚少卿潘公文錫，由進士登官途，於前人著述有關於世教者」，何本原在「人」後句讀，而不在「途」後句讀。另其文字上也有錯誤，比如何本葉五上第三行《善哉行》小注，「縱一己流連之情，其不取也宜矣」，「一」，何本作「可」，其他各本作「一」，「一」當是。以校勘文字而言，何本不如陳本深刻本系統準確。再如卷一首葉版心魚尾下方形狀獨特的黑色符號，多見於建陽書坊刻本，此點承李開升師兄告知。

四、明宣德九年（1434）陳本深刻本（存，十行二十字）

宣德九年陳本深刻本刊刻於江西吉州。《善本書目》著錄上圖、華師大有藏本。另台北「國家圖書館」也有三部藏本。筆者經眼上圖本，索書號：線善 792998-300，華師大藏本，索書號：SV31-16 57.674/C2。

（一）上圖藏陳本深刻本經眼錄

《選詩補註》八卷，《補遺》二卷，《續編》四卷。上海圖書館藏，索書號：線善 792998-3001，四冊。題每半葉十行，每行大字二十，小字雙行同。粗黑口，雙黑對魚尾，四周雙邊。本書開本縱 25.7cm，橫 15.4cm。正文首葉板框縱 20cm，橫 12.8cm。上魚尾為花魚尾，下魚尾為黑魚尾。曾鶴齡序第二葉版心下方黑口中間刻「劉昌云刊」。首為曾鶴齡宣德甲寅冬十一月辛卯《重刊風雅翼序》（九年，1434）、謝肅序、夏時序、凡例。次目錄、次正文。版心有「補註」及卷數。卷端第一行「選詩卷第一」，第二行「上虞劉履補註」，第

三行低一格「漢詩三十五首」，第四行再低一格「古詩十九首」，第五行再低
兩格正文。

此本字體古拙，版式粗黑口，符合明初特徵。曾鶴齡序云：

> 四明陳公本深，自刑部郎來守吉郡，……顧紹興刻版，歲久弗
> 完，今不重刊，曷由廣及？……宣德甲寅冬十一月辛卯翰林侍讀承
> 直郎兼修國史郡人曾鶴齡序。

據曾序及版式字體判定此本為宣德九年陳本深刻本。

（二）華師大藏陳本深刻本經眼錄

《選詩補註》八卷《補遺》二卷《續編》四卷。華師大藏，索書號 SV31-16
57.674/C2，一函四冊。每半葉十行，每行大字二十，小字雙行同。粗黑口，
雙黑對魚尾，四周雙邊。開本縱 27.5cm，橫 16.6cm，正文首葉內板框縱 20.1cm，
橫 12.8cm。白綿紙，上魚尾為花魚尾，下魚尾為黑魚尾。曾鶴齡序第二葉版
心下方黑口中間刻「劉昌云刊」。首為曾鶴齡宣德甲寅冬十一月辛卯《重刊風
雅翼序》（九年，1434）、戴良序、謝肅序、夏時序、凡例。次目錄、次正文。
其中戴良序不完整，僅至「已垂教」，其內容殘缺。卷端題「選詩卷第一」「上
虞劉履補註」，卷一葉一前半葉以「為乘作」結束。此本首次出現人名不在右
側刻豎線，也不刻句讀符號。

經對比書影，上圖藏本與華師大藏本同版。

（三）陳本所據底本探析

如上所引曾序「顧紹興刻版，歲久弗完，今不重刊，曷由廣及？」可知
陳本所據底本為上虞刻本。又上節提及何景春正統刻本刻句讀符號，正文刻
錯字，如「縱一己流連之情」，「一」誤作「可」，這些可能是何本所據建陽詹
氏書林刻本底本的特徵與錯誤，而陳本不刻句讀符號，「一」字也不誤，所以
陳本底本不是詹本，而是更早的上虞本。

陳本深本是《風雅翼》現存較早的刻本，錯誤較少，對原本改動也少。
但現存陳本深本多為後印本，多斷版，版面漫漶不清，文字缺失，影響閱讀。

五、明初黑口刻本（存，十行二十字）〔註50〕

據《善本書目》著錄，國圖、上圖、遼寧省圖書館、東北師大圖書館、

〔註50〕本文所引《風雅翼》正文，如無特別說明，所用版本為明初十行二十字黑口
刻本，上海圖書館藏，索書號：線善 795913-22。

山大、湖北省圖書館、湖南省圖書館、華南師範大學圖書館、雲南華寧縣圖
書館藏明刻本。筆者經眼上圖藏本，索書號：線善 795913-22。

（一）上圖藏明初黑口本經眼錄

《選詩補註》八卷、《補遺》二卷、《續編》四卷，上海圖書館藏，索書
號：線善 795913-22。上圖著錄爲明初黑口刻本。此本十冊，每半葉十行，每
行大字二十字，小字雙行同。黑口，雙黑對魚尾，四周雙邊。開本縱 29.7cm，
橫 17.6cm，正文首頁內版框縱 20cm，橫 13.1cm。此本金鑲玉修補，字體較古
拙，上下黑口較粗。首爲夏時序、謝肅序、凡例、目錄、正文。卷端題「選
詩卷第一」，次行「上虞劉履補註」，次行「漢詩　三十五首」，前半葉以「爲
乘作」結束。兩魚尾之間刻「補註一」、葉數。

（二）明初黑口本版本源流探析

此本行款、版式均與陳本深本一致，字體也較古拙，應該爲明代較早刻
本。經校勘，文字內容與某些特定符號也與陳本深本高度一致，比如《行行
重行行》一首「越鳥巢南枝」的「枝」下；《青青陵上柏》，「聊厚不爲薄叶迫
各反」，「迫」「反」下（「叶迫各反」小字雙行），「極宴娛心意」，「意」字下；
《今日良宴會》，「識曲聽其眞」，「眞」字下，何本、陳本與此本在這些字下
刻橫線，而其餘各本不刻橫線。又如《今日良宴會》一首之解釋，「與同志宴
集，相爲歡樂」，「同」，其他各本作「全」，只明初黑口本、陳本、何本作「同」。
何本八行二十字，與明初黑口本版式不同。明初黑口本與陳本同爲十行二十
字系統，且刊刻時間較早，二者關係最密切，無疑有淵源關係，但孰先孰後
尙無定論。

現存上圖本應當刷印較早，版面清晰，文字也無缺失，方便閱讀，且擁
有陳本深本幾乎所有優點，忠實於原本，文字質量較高，因而筆者選用此本
爲本次寫作正文引文底本。

六、明弘治十四年（1501）王璽刻本（存，十行二十字）

據《善本書目》著錄，王璽刻本僅南京圖書館藏。筆者經眼爲縮微膠片。

（一）南圖藏王璽刻本經眼錄

《選詩補註》八卷，《補遺》二卷，《續編》四卷，十二冊。南圖藏，索
書號：GJ/KB0967。有王璽《重刊風雅翼序》、戴良、夏時、謝肅序、劉履凡

例。此本半葉十行，行二十字。四周雙邊，雙黑對魚尾，大黑口。卷端首行題「選詩卷第一」，次行「上虞劉履補註」，前半葉以「爲乘作」結束。兩魚尾之間刻「補註一」、葉數。王璽序云：

> 詩之源流，先生注釋之故，歷履之縣，故有序，於茲弗贄。第序其今日重刊是編之意，以示吾民。弘治辛酉秋七月甲子知海寧縣事盧陵王璽序。

據此序及字體版式，判定爲弘治十四年王璽刻本。

此本首葉朝代「梁」「唐」「陳」有一大圈圈住整個字，（枚）「乘」、「昭明」「蘇李」「李」（善）右側有點，「蒼山曾原」右側有一連續直線。但所見膠捲極不清晰，不知爲後人用筆圈點，還是原刻就有。范志新云：

> 原刊凡例云：「語有精至或意思悠遠者，從旁點識。若含蓄有餘者，圈音切要。而語稍晦或未工者抹。」此本點抹具存，仍舊本風韻。〔註51〕

（二）王璽本版本源流探析

此本行款版式與陳本深本合，應當與其有源流關係。經校勘文字，王本大多數時候與其他十行二十字本子及八行二十字的何本一致，比如《明月皎夜光》一首，「玉衡指孟冬」小注何本、陳本、明初黑口本、王本作「詩意本平順，眾說穿鑿牽引，皆由一字之誤，識者詳之」，而十行十九字系統的天順本、蕭世賢本、顧存仁本作「詩本平順，眾意穿鑿牽引，皆由一說字之誤，識者詳之」，十行十九字系統誤。「意」「說」二字在每行二十字排版中剛好爲雙行小字行的最末二字，十九字系統據此翻刻時容易排錯。另王本也有少量文字獨特之處，比如卷二葉一上第三行「魏詩一」，顧存仁本、王本「一」奪，不同於其他各本。《高臺多悲風》之「謂併兩船而並之」，「船」，顧本作「舩」，王本作「舡」，雖然都是異體字，但與其他各本寫法不同。

以上陳本、明初黑口本、王本版式行款相同，同爲十行二十字，可視爲同一版刻源流系統。

七、明天順四年（1460）刻本（存，十行十九字）

《善本書目》著錄，明天順本僅華師大有藏，筆者經眼原書。

〔註51〕范志新：文選版本擷英，貴州人民出版社，2004，頁142。

（一）華師大藏天順四年刻本經眼錄

《選詩補註》八卷、《補遺》二卷、《續編》四卷，華東師範大學圖書館藏，索書號 SV31-16 57.674/C3。二函十冊，每半葉十行，每行大字十九字，小字雙行同。白口，無魚尾，只在雙魚尾位置分別刻雙股橫線，左右雙邊。開本縱 28cm，橫 16.3cm；正文首葉內框縱 18.8cm，橫 12.4cm。此本白綿紙，非方體字。首爲「天順庚辰仲夏中澣履素道人」《重刊風雅翼序》、次爲戴良序、夏時序、謝肅序、次目錄、次凡例。卷端第一行「選詩卷第一」，第二行「上虞劉履補註」，第三行低一格「漢詩　三十五首」，第四行再低一格「古詩十九首」，第五行再低兩格正文，卷一卷端前半葉以「不滿百」結束。版心有「補註」二字及卷數。此本首次出現人名不特意在旁邊刻豎線，也不刻句讀符號。此本天頭有對某些難字墨筆注音。

履素道人序云：

> 雖以板行，而歲久湮沒，求之者不易得。一日，紀善張驥得之
> 以進，受而閱之。……是用重鋟諸梓以廣其傳，而并序諸首簡。天
> 順庚辰仲夏中澣履素道人序。

據此序及版式字體斷此本爲明天順四年刻本。

另，對比書影，知上圖藏明初刻本（卷二以後八行二十字，卷一配補十行十九字本），卷一配補本實爲天順本。

（二）天順本版本源流探析

天順本行款爲十行十九字，不同於何本、陳本、王本、明初黑口本。從文字和某些符號上，也與十行二十字系統有差別。如(1)前已引「玉衡指孟多」句下小注，十行二十字系統各本作「詩意本平順，眾說穿鑿牽引，皆由一字之誤，識者詳之」，天順本誤作「詩本平順，眾意穿鑿牽引，皆由一說字之誤」。又如(2)《西北有高樓》一首，何本、陳本、王本、明初黑口本詩歌正文從「上有玄歌聲」至末句「奮翅起高飛」右側刻墨點，天順本不刻。又如(3)《涉江採芙蓉》一首，「採之欲遺誰」至末句「憂傷以終老」何本、明初黑口本、陳本、王本右側刻墨點，而天順本不刻。又如(4)《冉冉孤生竹》一首，「兔絲生有時，夫婦會有宜」句，何本、明初黑口本、陳本、王本右側不刻點，而天順本右側刻點。

由此可知，天順本與八行二十字的何本及十行二十字的諸本相對存在不小差異，當爲另一獨立版本系統。

天順本一系，文字錯誤相對比陳本深本一系多，且劉履凡例中提及的許多特殊符號，天順本一系有的不刻或少刻，也沒有嚴格遵照原本來。可見，相比陳本深本系統，天順本系統離原書面貌相對較遠。

八、明嘉靖四年（1525）蕭世賢刻本（存，十行十九字）

《善本書目》著錄，《選詩補註》八卷，明嘉靖四年蕭世賢刻本，國家圖書館藏。筆者經眼國圖兩部藏本縮微膠片。

（一）國圖藏蕭世賢本經眼錄（甲本）

《選詩補註》八卷，國家圖書館藏，索書號 12456（以下簡稱甲本）。葉十行行十九字，白口，左右雙邊。首為謝肅、夏時序、凡例，次為目錄，次正文。正文首葉首行「選詩卷第一」，次行「上虞劉履補註」，又次「漢詩 三十五首」，首葉以「生年不滿百」結束，版心有「補註一」字樣。此本謝、夏二序字體不同於正文，相比較為纖細。謝序半葉十行行十六字，夏序半葉十行行十七字。此本正文第二葉等有許多後世圈點，天頭有後世墨筆批點文字。如：

> 胡馬、越鳥皆有思鄉之念。浮雲喻讒，白日喻君也。依風一聯，
> 下所謂顧返也。風刺。

不知國圖以何據判定此本為蕭世賢刻本。但經對比書影，此本非天順本、顧存仁本。

（二）國圖藏蕭世賢本經眼錄（乙本）

《選詩補註》八卷，國家圖書館藏，索書號 12947（以下簡稱乙本）。首為王大化《刻選詩序》、次凡例，次目錄，次正文。王大化序為本次蕭世賢刊刻而作，王序云：

> 梅林先生暇坐郡閣，因論及此，出其藏善本，稍正其奪倫者刻
> 之，殊欲學者之追於古哉！先生蕭姓，仕優而學，得詩家最上乘者。
> 余時方請事云。嘉靖四年秋九月晦日北湄子真州王大化書。

梅林先生即蕭世賢，國圖當據此序判定此本為嘉靖四年蕭世賢刻本。

另胡纘宗文集收《重刻選詩序》特為本次刊刻而作：

> 吾友梅林蕭若愚氏，志在大雅，學從上乘，而於古選尤惓惓焉，
> 可以觀梅林矣。刻置嘉禾郡齋以貽同志，追述古人而嘉惠後學，其

　　　　功夫何可少哉？〔註52〕

但胡序不見於國圖所著錄的「兩部」蕭世賢刻本中，反而見於國圖藏嘉靖顧存仁養吾堂本，索書號：17295。

　　天順四年本也是十行十九字，白口，左右雙邊，且天順本爲十行十九字本最早刻本，且「天順本版本源流探析」一節所舉(1)至(4)條天順本與何本、陳本、王本不同之處，蕭甲本、蕭乙本均與天順本同。可見蕭世賢本和天順四年本關係密切，蕭本當從天順本而來。

（三）國圖藏兩種蕭世賢本一為原刻一為翻刻

　　國圖將 12947（乙本）、12456（甲本）都著錄爲嘉靖四年蕭世賢刻本，版式行款一致，字體非常相似，但經筆者對比書影，根據文字細部筆畫、間架，蕭甲本、蕭乙本並不同版，而且也與天順本、顧存仁本不同版。蕭甲本、蕭乙本應當一爲原本，一爲翻刻本。

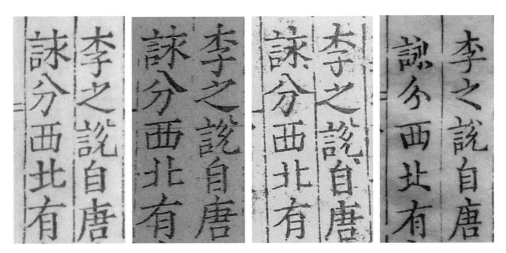

從左至右依次爲天順本、蕭世賢乙本、蕭世賢甲本、顧存仁本。由書影可知，四種均不同版。

九、明嘉靖三十一年（1552）顧存仁養吾堂刻本（存，十行十九字）

　　嘉靖顧存仁養吾堂刻本，序跋、牌記俱在，不難判定版本。此本存世頗多，爲最易得見明刻原本。收藏單位據《善本書目》著錄有：國圖、首都圖

〔註52〕　〔明〕胡纘宗：烏鼠山人小集・卷十二，明嘉靖刻本。

書館、北大、文化部文學藝術研究院、上圖、復旦、上海師範大學圖書館、
上海辭書出版社圖書館、天津圖書館、吉大、山大、蘇州市圖書館、浙江圖
書館、天一閣文物保管所、浙江醫科大學圖書館、樂平縣圖書館、武漢師範
學院圖書館、湖南省圖書館、湖南師範大學圖書館、四川省圖書館、重慶市
圖書館、四川師範大學圖書館、南京圖書館（丁丙跋）。

此本筆者經眼國圖藏本三部，索書號：17295、13600、19316，上圖藏本
一部，索書號：線善855812-23。

（一）顧存仁刻本上圖藏本經眼錄

《選詩補註》八卷，《補遺》二卷，《續編》四卷，上海圖書館藏，索書
號：線善855812-23，十冊，明嘉靖三十一年顧存仁養吾堂刻本。每半葉十行，
每行大字十九字，小字雙行同字；白口，單白魚尾，左右雙邊。開本縱28.2cm，
橫17.5cm，正文首頁內板框縱19cm，橫12.8cm。明白綿紙，方體字。

此本首為嘉靖三十一年顧存仁《重刻選詩序》，次為《選詩補註》凡例、
次目錄，次正文。卷端題「選詩卷第一」，次行「上虞劉履補註」，次行「漢
詩 三十五首」。魚尾下方「補註一」，再下葉數，版心最下刻「養吾堂」。首
葉以「生年不滿百」結束。

顧序云：

> 茲刻行世二百餘年，舊本屢易，魯魚漫漶，且其微蘊，惜之
> 未白也。遂因中南堯峰諸君論校，擇工鋟梓，并述篇末，諗諸同
> 志焉。

> 嵗在嘉靖壬子七月望日後學居庸山人吳郡顧存仁書於東白齋
> 中。

又書末長方形牌記載：

> 是編刻於嘉靖甲辰，訖工今歲壬子，刻李潮叔侹，書龔氏白谷，
> 技盡吳下，可與茲篇並傳。而白谷文士，卷衮謄寫非其業也，遂至
> 數年始克完局。嗚呼難哉！東白齋識。

據字體版式，即序、牌記、版心，判定嘉靖三十一年顧存仁養吾堂刻本。另
據序及牌記可知此次刊刻詳情：時間從嘉靖甲辰至壬子，中南堯峰諸君校勘，
李潮叔侹刊刻，龔氏白谷書，顧存仁主其事。

（二）顧存仁刻本國圖藏本經眼錄

　　國圖所藏三部行款版式、字體、斷口、牌記均與上圖本相同，四者同為一版無疑。

　　特別之處是，17295 先有嘉靖丙戌之秋胡纘宗世甫《重刻選詩序》、次有顧存仁嘉靖壬子七月望日《重刻選詩序》、次有嘉靖四年秋九月晦日北湄子眞州王大化《刻選詩序》，次為《選詩補註凡例》。文中有圈點。胡序、王序是為蕭世賢刻本而作。

　　19316 首為顧存仁《重刻選詩序》、次為《選詩補註凡例》，正文部分大量圈點與批註，多是對詩文的評論。如《古詩十九首》下評：

　　　　一部《文選》，當以《古詩十九首》壓卷，後來作者雖多，卒不
　　　出此範圍。三百篇後便有十九首，宏壯婉細，和平險急，各極其致，
　　　而總歸之渾雅，允為方員之至。

（三）顧存仁本版本源流探析

　　顧存仁本行款版式與天順本、蕭世賢本一致，且「天順本版本源流探析」一節所舉（1）至（4）個天順本與何本、陳本、王本不同之處，顧本均與蕭甲本、蕭乙本、天順本同。則顧本當屬天順本、蕭本一系。又國圖顧本 17295 有胡纘宗序、王大化序，而胡、王二序是為蕭刻本而作，可知顧本當是蕭本的重刻本。

（四）顧本對底本的修改

　　顧本有不少小地方不同於其他各本，應當是顧氏重刻時進行的改動。

　　增字例：目錄卷之三「魏詩二，十六首」：「十六」前，顧存仁本增「一」。目錄卷之八「齊梁詩，十六首」：「十六」前，顧存仁本增「一」。目錄卷之八「之宣城出新林浦」：「浦」後，顧存仁本增「向版橋」。目錄卷之八「郡齋答呂法曹」：「郡齋」顧存仁本作「郡內高齋間坐」。

　　改變符號例：《苦寒行》，「催吐徂為反」，其他各本在注文雙行小字「徂反」下刻橫線，而顧本在正文大字「催」下刻橫線。《苦寒行》「谿谷少人民，雪落何霏霏」，其他各本在每字右側刻斷點豎線，顧本在「谿」至「落」字右側刻一長直線，在「何霏霏」三字右側刻斷點豎線。

　　改異體字例：《今日良宴會》一首之解釋，「如飆風飛塵幾何」，顧本作「飇」。《燕歌行》「援琴鳴弦發清商」，「商」，顧本作「商」。

　　總之，相比較此前各明刻本，顧本對原本改動相對大。

十、明萬曆喬山堂刻李萬象增訂本

《刻漢魏六朝選詩補註》四卷，明李萬象增訂本。《善本書目》著錄社科院、上圖有藏。此書筆者經眼上圖藏本。

（一）明萬曆喬山堂刻李萬象增訂本經眼錄

《刻漢魏六朝選詩補註》四卷，上海圖書館藏本。索書號：線善799170-75，六冊，明萬曆書藪喬山堂刻本。每半葉九行，每行大字二十一字，小字雙行同；白口，雙黑順魚尾，四周雙邊。開本縱 27cm，橫 16cm。正文首葉內板框縱 19.9cm，橫 12.3cm。竹紙，寫刻。

首為「己丑進士翰林院編修雲間董其昌敘」《漢魏六朝選詩補註序》，次目錄，次正文。四周雙邊，雙黑順魚尾，魚尾上方刻「選詩補註」，上魚尾下方刻「卷之一」，下魚尾下方刻葉數。卷端題「刻漢魏六朝選詩補註卷之一」，次行「宋上虞劉坦之補註／明南豐李萬象子中訂增」，將劉履誤作宋人，前半葉以「然陳徐陵」結束。卷四末有蓮庵形牌記「萬曆辛歲秋月／書藪喬山堂繡」。

（二）喬山堂刻本對原本有大量改易

四卷本的喬山堂本《刻漢魏六朝選詩補註》與八卷本《選詩補註》比，篇目有增刪，卷次有改變，內容文字也有增刪改易。比如「夫五言起蘇李之說」，四卷本「五」上增一「詩」字。如八卷本第八卷收沈約詩四首，江淹詩三首，而四卷本分別首六首、五首。又如四卷本卷一少收酈炎詩二首。四卷本對劉履的注也是有增有刪。如八卷本卷八、四卷本卷四末《休上人怨別》，四卷本刪去八卷本如下文字：「曾原曰：詩自靈運以後，氣日益漓下，至玄暉漸致巧麗……可謂知言矣。」刪去本段講詩歌史的文字。

嚴格意義上講，四卷本已經李萬象訂增改易，已非嚴格意義上的元代選學成就，此書從略。李萬象本可以說是《選詩補註》在明代的一種迴響，表明劉履之書在明代影響大，流傳廣，以致有人見其價值，不惜時日為之作增訂本。

十一、台北「國圖」藏舊鈔本（存補遺二卷，十行二十字）

台北「國圖」存舊鈔本，筆者得見補遺卷一卷端書影。此本存《選詩補遺》二卷，一冊。索書號：403.1 13708。據其著錄，有戴良序。半葉十行，行二十字。四周單邊，黑口，雙黑魚尾，板框縱 19.8cm，橫 13.7cm。據版式，

推測爲陳本深十行二十字系統。

十二、清四庫全書鈔本

　　《四庫全書》收錄此書，因文淵閣《四庫全書》已被影印，現在四庫本是最易得、最常見的本子。「玉衡指孟冬」句小注，四庫本不誤，可見四庫本所據底本爲十行二十字系統，非十行十九字系統。又北師大藏清抄四庫底本，與四庫本關係密切，此本有爲陳本深本刊刻而作的曾鶴齡序，也是明證。

十三、清抄四庫全書底本

　　北師大藏《風雅翼》，索書號：善 831/887。兩冊，此本存卷一至卷五。清抄《四庫全書》底本，半葉八行行二十一字，藍格，藍口，四周單邊，單藍魚尾；框高 21cm，寬 14.6cm。扉頁鉛筆錄戊午（1918）六月羅振玉《文選集註序》。次有曾鶴齡、謝肅、夏時、戴良序，次爲四庫館臣所寫提要。其中謝夏二序第三葉內容裝訂錯葉。正文版心魚尾上方有「欽定四庫全書」字樣，下方「風雅翼卷某」字樣。此本開本寬大，行格舒朗，字大如錢，字體秀麗。

　　此鈔本特點之一是時有圈點佳句，朱筆改錯字。第一篇序文下有「貞亮」「周白子」印，爲周貞亮（1867～1933）藏印，另有周貞亮批語。《行行重行行》一首天頭批「此書於選詩多所刪薙，覆校依何本加圈，退舟記。」退舟爲周貞亮字，此本圈點爲周貞亮據何焯本所加，朱筆校正也當爲周氏所爲。

　　據行款、字體、版心「欽定四庫全書」字樣、提要知此本與四庫本關係密切，又此本有四庫全書本不具備的舊序尤其是曾鶴齡序，知此本鈔自四庫全書底本，且來源爲十行二十字系統。

十四、日本文政三年（1820）和刻本

　　《風雅翼》不僅在國內流傳很廣，經多次刊刻，漂洋過海到日本以後，也有了和刻本。筆者經眼北大藏本數葉書影。北京大學藏《風雅翼》十四卷，六冊一函，日本文政三年（1820）刻本。此本半葉十行行十九字，行間刻和刻本特有的訓讀符號，白口單魚尾，左右雙邊。卷一卷端首行題「選詩卷第一」，次行「上虞劉履補註」，又次「漢詩　三十五首」，再次「古詩十九首」，前半葉以「生年不滿百」結束。據行款版式，當出自十行十九字系統，又明刻中養吾堂本流傳最廣，刊刻較晚，此和刻本很可能翻刻自顧存仁養吾堂本。

《風雅翼》有和刻本，可見其影響不止局限於國內，而是在東亞漢字文化圈中有一席之地。

小　結

以上就是《風雅翼》大致的版本情況。最重要的是諸刻本，除去已經亡佚的洪武間上虞刻本、永樂初建陽詹氏書坊刻本不知行款而外，其他各本根據行款等可以分三大系統：

半葉八行行二十字系統：正統三年何景春刻本（1438）。

半葉十行行二十字系統：宣德九年陳本深本（1434）、明初黑口本、明弘治十四年王璽刻本（1501）。

半葉十行行十九字系統：明天順四年刻本（1460）、明嘉靖四年蕭世賢刻本（1525）、明嘉靖三十一年顧存仁養吾堂刻本（1552）、日本文政三年（1820）和刻本。

另有半葉十行行二十一字系統：明萬曆喬山堂刻李萬象增訂本，已經訂增，非劉氏原書面貌。

《風雅翼》的版本紛繁複雜，重刻次數之多，甚至還有和刻本，足見當年其流傳之廣，影響之大。有學者甚至認為：

> 在明前期，真德秀《文章正宗》與劉履《選詩補註》的影響已
> 大大超過《文選》，成為閱讀古詩的首選範本〔註53〕。

遺憾的是可能由於其鮮明的理學特徵以及文選學的整體衰落，五四以後對《風雅翼》的關注反倒很少了。

〔註53〕陳斌：明代中古詩歌接受與批評研究，上海三聯書店，2009，頁43。

附：《風雅翼》版本流傳圖

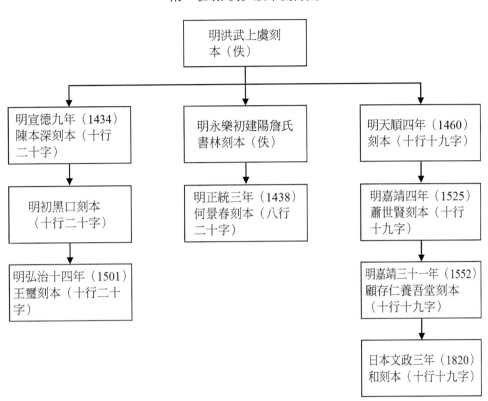

第四節　《風雅翼》歷代述評

劉履的《風雅翼》理學色彩非常鮮明，這點從它元末產生開始到現代，爭議就沒有停止過。我們不妨先看看歷代文人對《風雅翼》都作何評論，這將有助於我們更客觀地研究此書。

一、元末之評價：謝肅、戴良

謝肅、戴良、夏時的序，作為同時代的人至交好友、或者應酬文字，他們對《風雅翼》評價甚高。

謝肅認真研讀過《選詩補註》，他的序道出了《選詩補註》的寫作因由，並且總結了《選詩補註》的五條「立法」。寫作因由有二：一是《詩經》是聖人所刪，《楚辭》有朱子校錄，都是發於性情，關乎風教，而五言詩是昭明編次，「無序而抉擇不精」，恐不合聖人、朱子刪校之法，又恐《文選》注不合

聖人、朱子注《詩經》《楚辭》之法。二是「況朱子嘗欲鈔經史韻語、《文選》古詞，以附於《詩》《楚辭》之後，惜其書不成，書成，亦豈無注乎？」謝肅所列的寫作因由體現出強烈的理學色彩，表明劉履的書目的是要接續聖人朱子刪注詩騷的傳統。可以說劉履以文命自任。

謝肅又進一步總結了「其立法蓋有五焉」：

> 夫敘世代，列作者名氏，而略見其隱顯始終之跡，乃以篇什繫焉，使有可考，一也。

> 苟合作矣，雖昭明失選者取之。苟不合作，雖在選中者去之。故萃然完美，足爲準則，二也。

> 陶靖節與《選》者九，眞氏則以五十餘首入《文章正宗》，而江淹所擬在焉，是亦未爲精審矣。今所簡拔爲篇若干，表而出之，以見正始風氣既衰而復振，三也。

> 而《補註》凡例蓋仿乎《詩》《楚辭》之注，用之韻補以協其音聲，考之訓詁以疏其字義，探之群籍以白其事實，繹之論議以融其指意，然後著述之體以得，四也。

> 其於六臣之著釋、曾蒼山之演義、宗人須溪之批點，或失於荒陋，或失於穿鑿，或失於簡略者，則提要鉤玄，會而通之，以不沒其善，五也〔註54〕。

一是注重作者世系、名氏、生平事蹟，且用具體篇章進行考證。二是不依循昭明的去取標準，有自己的準則加以增刪。三是二的具體體現，對於陶淵明詩歌，劉履比之《文選》的九篇有增，比之眞德秀《文章正宗》則刪去了江淹的擬陶詩。並且以此見正始詩風的衰而復振。四是仿朱熹注《詩經》《楚辭》，用叶韻、訓詁、考證事實、探究詩旨的著述之法。五是提要勾玄匯通六臣注、曾原一、劉辰翁的觀點，不沒其善，但也指出其荒陋、穿鑿、簡略之處。

謝肅的序抓住了劉履書的最要害部分，那就是強烈的理學特徵，是嚴格仿朱子注詩騷而來的。謝肅寫序時是元至正二十一年（1361），在理學興盛的時代，依據儒家的詩教傳統，謝肅也並沒有覺得這樣有什麼不妥，他以爲劉履「非先生博學而精識，何以能爲書之可傳也！其有功於作者，豈不盛矣哉！」

戴良的《風雅翼》作於謝肅序後兩年元至正二十三年（1363），據前面考

〔註54〕〔明〕謝肅撰，密庵詩文稿・庚卷，《四部叢刊》三編景明洪武刻本。

證，戴良和劉履交往並不密切，戴良本著謝肅的轉述而作了這篇序。因而戴良的序很宏觀，最有意義的部分是轉述謝肅的原話：

> 吾鄉劉先生，蓋聞文公之風而興起者也。故取昭明所遺之詩，精擇而去取之。至其注釋，亦以傳《詩》、注《楚辭》者爲成法，所謂《選詩補註》者是也。他若唐虞而降，以至於晉，凡歌辭之散見於傳記諸子集者，則又別爲簡拔，題之曰《選詩補遺》。此外又有《選詩續編》，乃李唐、趙宋諸作。二編亦皆有注，視《補註》差略。……以其可爲風雅之羽翼也，故通號曰《風雅翼》〔註55〕。

此段敘述了《風雅翼》三部分構成來源、時間斷限，《風雅翼》的得名。接著戴良開始根據謝肅的話開始發揮，講詩教傳統，講文公之注詩騷，詩歌流變。最後對《風雅翼》進行了一番褒揚：

> 世之學者，誠能從事於斯，探之《補註》，以浚其源；廓之《補遺》，以博其趣；參之《續編》，以盡其變。而又養之以性情之正，體之以言行之和，將見溫柔敦厚之教，得諸優遊淫泆之表，則所謂羽翼風雅於斯世者，蓋亦庶乎其有徵矣。然則先生是書，雖與文公諸書並傳可也。

最後的「與文公諸書並傳可也」，褒揚得似乎太過了。戴良這麼說，其一戴良與謝肅關係密切，因此會有這種禮節性的褒揚，其二是在當時理學盛行的社會環境下，朱熹影響太大，他注解詩騷的方式影響極大，並且得到儒生們的認同，如此，劉履的著作在當時也被愛屋及烏地稱讚，在情理之中。

　　謝肅和戴良的評論是比較符合劉履原意的，在這裡《文選》被消解，被增刪、補註、補遺、續編，他們更關心的是詩教傳統，詩歌的政治意味，而不是文學和《文選》本身。

二、明人之評價：胡纘宗、楊慎、陸世儀

　　明代前中期，《風雅翼》一書流傳極廣，從版本考一節可見，《風雅翼》被反復刻印，大約洪武間上虞本的版片在十餘年間因爲印刷次數太多，而出現後印本字跡不清甚至漏葉的情況。以後又有永樂間建陽詹氏書林重刻本、明宣德九年（1434）陳本深重刻本、正統三年（1438）何景春重刻本、明天順四年（1460）刻本、明弘治十四年（1501）王璽刻本、明嘉靖四年（1525）

〔註55〕李修生主編：全元文‧戴良集，鳳凰出版社，2004，53 冊頁 298～299。

蕭世賢刻本、明嘉靖三十一年（1552）顧存仁養吾堂刻本等。這一方面表明《風雅翼》在明朝重刻、重印次數之多，很受世人之關注，另一方面也帶來了人們對《風雅翼》更多的反思和批評，尤其是在明朝中後期以後，隨著思想活躍多元化，理學特徵明顯的《風雅翼》就不可避免地受到批評。

胡纘宗（1480～1560）爲蕭世賢刻本作《重刻選詩序》云：

> 夫詩豈易選哉？而況於選選詩，又豈易哉？蕭昭明選《文選》，眞西山選《文章正宗》，劉坦之選《風雅翼》，所選雖各不同，要之皆本之三百篇而原之《虞歌》爾。比而讀之，繹而思之，昭明其主於風韻乎，西山其主於理致乎，坦之其主於體禮乎。大抵必出於古雅，必本於性情，必發於渾厚，而皆關於世教，否則不在所選矣。選詩豈易哉！〔註56〕

胡纘宗以爲《文選》《文章正宗》《風雅翼》都是本之《詩經》《虞歌》，三者分別主於風韻、理致、體禮，如此說眞、劉二人尙可，說《文選》本之《詩經》就有臆測之嫌了。胡纘宗是爲蕭世賢刻書作序，考慮到這種特殊的寫作背景，這篇序對《風雅翼》也沒有什麼批評。但這並不代表同時代的人就對《風雅翼》很認同。與胡纘宗稍晚生八年的楊愼（1488～1559）就對《風雅翼》持批評態度。

> 《選詩補註》效朱子注三百篇，其意良勤矣。然曲說強解，殊非作者之意……且所見寡陋……此何異村學究之欺小童耶？……臆說若此，何以注爲？又以唐宋詩續選，唐詩選未盡善，宋詩尤駁……此何異背瞳眛目人語乎？〔註57〕

楊愼從三個方面批評劉履，一是曲說附會，不符合作者原意。二是見識寡陋，錯誤注釋。三是續選篇目駁雜未盡善盡美。此批評不可不謂之嚴厲。第一點，在楊愼之前，前人對《風雅翼》多附會君臣之說，多持肯定態度，以爲這是接續了朱子注詩騷的傳統和儒家詩教的傳統。第二點關於見識的問題，即使是李善也會有錯誤，不能過分求全責備。第三點續選詩歌篇目問題，是因爲選者本身的出發點不同，劉履在意的不是詩歌的文學性，而是詩歌是否符合詩教。因爲時移世易，隨著人們觀念的變化，《風雅翼》最大的優點也漸漸成了眾矢之的。

〔註56〕〔明〕胡纘宗，鳥鼠山人小集・卷十二，明嘉靖刻本。
〔註57〕〔明〕楊愼：丹鉛餘錄・卷十五，清文淵閣四庫全書本。

　　清初江南大儒陸世儀（1611～1672）批評《風雅翼》效仿詩三百不過是優孟衣冠「徒爲形似而已」：

> 元人劉坦之用其意，采漢魏以下樂府辭上媵三百，謂爲《風雅翼》。愚謂采詩必拘樂府，固非。即概取辭意之近古者，以模仿三百，亦叔敖優孟也……只胸中著「思無邪」三字，便無詩不可續，豈必拘拘然，亦步亦趨，徒爲形似而已耶？〔註58〕

如此，《風雅翼》不僅被理學之外的人批評，還不被理學家認同。

三、清人之評價：四庫館臣、彭元瑞

　　諸多評論中，影響最大的毫無疑問是《四庫提要》：

> 其去取大旨，本於眞德秀《文章正宗》。其詮釋體例，則悉以朱子《詩集傳》爲準……此不明文章之正變，而謬爲大言也……此不明文章之體裁，而橫生曲解也……至於以漢、魏篇章，強分比興，尤未免刻舟求劍，附合支離。朱子以是注《楚詞》，尚有異議，況又效西子之矉乎？以其大旨不失於正，而亦不至全流於膠固；又所箋釋評論，亦頗詳贍，尚非枵腹之空談，較陳仁子書猶在其上，固不妨存備參考焉〔註59〕。

四庫館是漢學家的大本營，劉履之書在此被嚴厲批評：四庫館臣認爲劉履不明文章之變，不明文章之體裁，且強分比興，刻舟求劍。館臣批評劉履學朱熹注《楚辭》的體例，不過是東施效顰而已。在批評之餘，館臣對《風雅翼》又有些許的肯定，認爲他沒有完全流於膠固，其箋釋評論，頗詳細贍博，不是空談無物，比陳仁子的書要好一些。但是總體而言，館臣對《風雅翼》的否定是大於肯定的，這也是一代的思想學風所決定。正是在清代主流理學思想反而邊緣化的風氣之下，《風雅翼》被冷落了。這也就可以解釋，相對於明代前中期《風雅翼》被反復刻印，而從明末到有清一代四百年的時間，除去《四庫全書》及相關鈔本，在國內只有明末喬山堂的萬曆刻李萬象增訂本，清末掃葉山房石印本。

　　在《四庫提要》和樸學學風的強大影響之下，《風雅翼》在有清一代都飽受批評。《天祿琳琅書目後編》批評《選詩補註》：

〔註58〕〔清〕陸世儀：思辨錄輯要·卷三十五，清文淵閣四庫全書本。
〔註59〕〔清〕永瑢：四庫全書總目·風雅翼提要，清乾隆武英殿刻本。

去取鮮當，陳腐不倫，殊無足取，特以舊槧收之。〔註60〕

毫無疑問，彭元瑞的評價已經走向「殊無足取」的極端了。

四、五四以來之評價

五四前後，「選學妖孽」被打倒，整個文選學都陷入低潮，人們對《風雅翼》的關注也是如此。朱自清在講到《風雅翼》的時候，引用的也是《四庫提要》說法，正反兩方面都有提到〔註61〕。

近年來，馮淑靜以為《風雅翼》重視五臣注，是《文選》詮釋史上的一部立異之作，這顯然也是受了《四庫提要》「是編首為《選詩補註》八卷，取《文選》各詩刪補訓釋，大抵本之五臣舊注、曾原《演義》，而各斷以己意」說法的影響〔註62〕。其實根據謝肅洪武三年（1370）寫給劉履的詩，《選詩補註》其實是「正五臣之荒謬，黜蒼山之淺鄙」〔註63〕，多有糾正五臣的謬誤，是談不上重視五臣的。王叔才總結了《選詩補註》的宗旨、和《文章正宗》的關係，「串講詩篇，詳致細密」，「探討詩作背景，發掘創作動機」，「侈言比興，發掘微言大義，多流於牽強附會」〔註64〕，大抵是謝肅的序和《四庫提要》的折中和發揮。

總結一下《風雅翼》的評價史，大致有四個傾向，一是在理學內部的褒揚與肯定，以為其可以和朱子書並傳，像謝肅、戴良；二是理學內部的否定，稱其東施效顰，如陸世儀；三是跳出理學框架的否定，以為其牽強附會，如四庫館臣、彭元瑞；四是今人折中發揮前人觀點，否定肯定並存，如王書才。

第五節　《風雅翼》特徵

如上節所述，《風雅翼》的大致特點前人已經從不同方面做了比較全面的總結，只是因為各自立場不同，所以結論相差較大。筆者做小結，也只能在閱讀《風雅翼》文本的基礎和前人總結的基礎上，再做進一步推衍。

一、熔選、補、續、注、編於一爐

〔註60〕〔清〕彭元瑞：天祿琳琅書目後編・卷十一，清光緒刻本。

〔註61〕朱自清：國學經典入門，中華畫報出版社，2010，頁134。

〔註62〕〔清〕永瑢：四庫全書總目・風雅翼提要，清乾隆武英殿刻本。

〔註63〕〔明〕謝肅：密庵詩文稿・丙卷，《四部叢刊》三編影明洪武刻本。

〔註64〕王叔才：明清文選學述評，上海古籍出版社，2008，頁56～68。

　　《風雅翼》十四卷由《選詩補註》八卷、《選詩補遺》二卷、《選詩續編》四卷三部分構成。

　　《選詩補註》八卷是從《文選》詩中選出二百一十二首，又另外從陶淵明本集補入詩二十九首，從《後漢書》補入酈炎詩二首，從《文章正宗》補曹植《怨歌行》一首，從阮籍本集補《詠懷》二首，共二百四十六首。《選詩補遺》部分兩卷，是從傳記諸子之書和《樂府詩集》中收集的從唐虞到魏晉的古歌謠辭。《選詩續編》四卷，選唐宋兩朝十三家詩，唐有陳子昂、薛稷、李白、張九齡、王維、儲光羲、杜甫、韋應物、韓愈、柳宗元、張籍十一家，宋有王安石、朱熹兩家。這其中融匯了選、補、續三方面內容。根據胡纘宗《重刻選詩序》數據，十四卷一共：

　　　　古詞十有八首、漢詩五十有七首、魏詩如漢之數、晉詩九十有
　　六首、宋詩二十有五首、齊梁詩十有六首、唐詩百有四首、宋詩二
　　十有九首，亦嚴矣，而近體絕句不與焉。〔註65〕

　　此書另外一亮點是劉履對這些詩歌都做了補註，而且注釋體例效法朱熹的《詩集傳》《楚辭注》。在編次方面打破《文選》原有的以體裁分類的方式，而採取以人爲綱的方式編排詩歌。《選詩補註》不是《文選》的簡單重複品，而是一部熔選、補、續、注、編五方面於一爐的復合體，他的選取標準、編排體例、注解方式都有著劉履強烈的個人色彩，而不是跟著昭明太子、李善、五臣亦步亦趨。

二、注釋體例仿朱熹注《詩經》《楚辭》

　　《風雅翼》的注釋體例和朱子注詩騷非常相似，劉履的行文順序一般是介紹作者，介紹標題中涉及的人和語句，隨文注音，冠之以賦比興手法，解釋文辭，講解詩旨，串講文意，簡短評價。謝肅總結的五條「立法」第四條就是講《選詩補註》的注釋體例是效仿朱子《詩經》《楚辭》的注，分別從音韻、訓詁、本事、詩旨幾方面展開，總結十分精到。謝肅云：

　　　　而《補註》凡例蓋仿乎《詩》《楚辭》之注，用之韻補以協其音
　　聲，考之訓詁以疏其字義，探之群籍以白其事實，繹之論議以融其
　　指意，然後著述之體以得，四也。〔註66〕

〔註65〕　〔明〕胡纘宗：烏鼠山人小集・卷十二，明嘉靖刻本。
〔註66〕　〔明〕謝肅撰：密庵詩文稿・庚卷，《四部叢刊》三編景明洪武刻本。

（一）音韻

從音韻上來說，劉履一般採用隨文注的方式，在他認爲有必要的地方標注聲調，尤以「去聲」爲多，也注讀音的反切、叶韻的反切。音韻方面，劉履標注的叶韻最多，可見朱熹注《詩經》《楚辭》的影子。

（二）訓詁

訓詁方面，劉履進行了不少嘗試。他通過引用、考辨李善、五臣等的舊注、蔡寬夫、黃文雷、劉辰翁、曾原一等人觀點，以及各種前代典籍及其舊注來進行字義訓詁。《四庫提要》在批評劉履的同時對其這方面也是有肯定的，《提要》云：

> 又所箋釋評論，亦頗詳贍，尚非枵腹之空談，較陳仁子書猶在
> 其上，固不妨存備參考焉。〔註67〕

舉例來說，《選詩補遺》卷下有《塘上行》一首：

> 蒲生我池中，其葉何離離。傍能行人義（一作仁義，一作人義）。
>
> 傍：指文帝，蓋方言也。《禮運》以夫義婦德謂之人義。

人義：劉履先是列出了「仁義」「人義」兩種異文，今存《玉臺新詠》本一般是「仁義」，但劉履據《禮運》給出了「人義」的解釋。

又比如《選詩補註》卷七《秋胡詩》：

> 日暮行來（一作采）歸，物色桑榆時。美人望昏至，慚歎前相
> 持。

今建州本六臣注《文選》、胡刻本李善注《文選》皆作「采」，六臣之李周翰注曰：「妻自采桑而歸也」。不知劉履根據版本爲何。倒是《文選顏鮑謝詩評》作「來」。劉履從訓詁引證實例的角度給出了一個解釋：

> 來，如歸去來之來，劉向有「竭來歸耕」之語。

後世較真的人仍然遵從舊注，以爲劉履有誤，如紀容舒就對此有批評：

> 采：《選詩補註》作來。案：此句乃言凡采桑者皆歸，「美人」
> 句乃言其婦亦至。若作來字，則此句已指其婦，下文復矣。〔註68〕

像這方面的例子很多，劉履也時有創見。當然，錯用的地方也有不少，比如楊慎批評的：

〔註67〕〔清〕永瑢：四庫全書總目・風雅翼提要，清乾隆武英殿刻本。
〔註68〕〔清〕紀容舒：玉臺新詠考異・卷四，清文淵閣四庫全書本。

且所見寡陋，如儲光羲詩「格澤為君駕」。格澤，星名。《大人賦》：「建格澤之長竿」是也。履乃云：獅子名曰白澤。白與格相近，白澤即格澤也。此何異村學究之欺小童耶？《甘氏星經》彼未點目，諸史天文志亦當觸手。臆說若此，何以注為？〔註69〕

（三）本事

考證詩歌本事方面，劉履也下了不少功夫，旁收博采史傳材料、各家舊注等探究詩歌本事，比如《選詩補註》卷五陶淵明的《桃源詩》後，劉履補錄了《桃花源記》，道出詩歌本事，就更有助於讀者理解詩篇：

靖節因作《桃花源記》，並繫此詩。其記謂：晉太元中，武陵人緣……各延至家，為設酒食，留數日，辭歸。詣太守說其事，即遣人隨往尋向所志。遂迷，不復得。詩之意蓋謂塵外有此淳樸絕境，神閟莫通。今世道漸亂，有似於秦，思欲高舉相尋，以就深隱云爾。

再比如卷六謝靈運的《九日從宋公戲馬臺集送孔令》，劉履考證本事云：

宋公始建國彭城，而孔令辭位歸鄉，因九日出遊戲馬臺以餞之，百寮咸賦詩以述其美。靈運時為相國從事，亦從而賦之。

短短幾句話就交代了詩歌的寫作時間地點唱和目的，有助於讀者把握詩歌本意，了解寫作背景。

劉履有時結論頗為大膽，有附會之嫌、臆測之疑。比如卷二曹丕《燕歌行》，劉履就大膽猜測本事：

此婦人思其君子遠行不歸之詞。豈帝為中郎將，時北征在外，代述閨中之意而作與？然不可考矣。

（四）詩旨

劉履最受詬病但其實也是《風雅翼》最大的特點，就是他在對詩旨的探討上，喜歡把所選詩歌盡可能地附會到君臣之道上面去，所以有人評價《風雅翼》以「體禮」為宗。最典型的就是《古詩十九首》這些本事不可考的詩篇，有著強大張力，劉履賦予它們有關君臣之道的詩旨。如《行行重行行》：

賢者不得於君，退處遐遠，思而不忍忘，故作是詩……觀其見棄如此，而但歸咎於讒佞，曾無一語怨及其君，忠厚之至也。

這幾乎是脫胎於朱子《詩集傳》。劉履論述詩旨時，不少引用曾原一《選詩演

〔註69〕〔明〕楊慎：丹鉛餘錄・卷十五，清文淵閣四庫全書本。

義》（又名《選詩衍義》）的觀點〔註70〕，如《青青河畔草》：

> 曾原謂：此詩刺輕於仕進而不能守節者……且不斥言之，而婉
> 其詞，以倡女爲比，其深得詩人託諷之義歟。

曾原乃曾原一之誤。像這樣把詩旨附會成君子小人、君臣之道的，在《風雅翼》中不勝枚舉。劉履編《風雅翼》的目的就是要繼承朱子之志，用理學思想、儒家詩教來解釋詩三百以後的詩歌，這是一個時代思想的產物，只能放在它產生的特定環境下理解。當然，這種附會忽略了詩歌的藝術特色，其解釋在一定範圍內傷害了詩歌主題的多樣性。隨著理學的沒落，各種思想流派的興起，劉履和他的《選詩補註》逃不了被批評的命運。

（五）賦比興

劉履以賦比興手法來分析詩歌這一特點，謝肅雖然沒有特別指出，但卻是劉履模仿朱子書的一重要標誌。劉履的做法比較受後人詬病，他非常籠統地以賦或比或興慨括一首詩的手法，且大多數詩歌都說是「賦」，頗欠斟酌。這樣就成了爲模仿朱子而模仿，有削足適履之感。

三、指摘舊說，不乏原創性觀點

劉履有大膽質疑的精神，他提出的很多問題對於《文選》研究都具有啓發性和原創性。

（一）關於「玉衡指孟冬」

劉履在關於夏曆、殷曆、周曆的春夏秋冬問題上，提出異議，指出詩歌原文當改，指出前人舊註有問題。卷一《古詩十九首》之《明月皎夜光》：

> 明月皎夜光，促織鳴東壁。玉衡指孟冬（當作秋，詩意本平順，
> 眾說穿鑿牽引，皆由一字之誤，識者詳之），眾星何歷歷。白露霑野
> 草，時節忽復易。
>
> 按《春秋考異郵》：立秋，促織鳴。《月令》：季夏，蟋蟀居壁。

〔註70〕 《選詩演義》在國內無藏本，國內學者多以爲亡佚，賴《選詩補註》保存不少原文。近年日本學者芳村弘道在日本蓬左文庫發現《選詩演義》朝鮮李朝世宗十六年甲寅（1434）活字本原書。見芳村弘道著、金程宇譯：關於孤本朝鮮活字版《選詩演義》，古典文獻研究（第十二輯），2009，鳳凰出版社，頁220～240（原載《學林》第47、47號，悼念白川靜先生特刊論集，2008）；芳村弘道著、金程宇譯：南宋選學書《選詩演義》考，域外漢籍研究輯刊第七輯，中華書局，2011。

　　孟秋，白露降，寒蟬鳴。仲秋，玄鳥歸。皆記時物之變也。

劉履沒有版本依據，但根據自己文意理解，各種物候表明「孟冬」應當作「孟秋」，劉履非常篤定，並且以爲「眾說穿鑿牽引，皆由一字之誤」。劉履並沒有說出自己的根據，在他看來，這似乎是一個常識問題。此處筆者想強調的不是劉履改「冬」作「秋」的正誤，而是要強調劉履指出：前人注爲了解釋「孟冬」而穿鑿附會的荒唐。

　　《文選》李善注是這樣解釋的：

　　　　《淮南子》曰：孟秋之月，招搖指申。然上云促織，下云秋蟬，
　　　　明是漢之孟冬，非夏之孟冬矣。《漢書》曰：高祖十月至灞上，故以
　　　　十月爲歲首。漢之孟冬，今之七月矣。〔註71〕

李善認爲改歲首會引起對應的春夏秋冬的改變，認爲漢以十月爲歲首以後，漢曆的孟冬其實是唐代用的夏曆的七月。

　　不僅李善持論如此，在劉履之後，以爲歲首改變因此春夏秋冬改變的在明清還大有人在。清梁章鉅《文選旁證》云：

　　　　孟冬寒氣至：劉氏履曰：玉衡指孟冬，非夏之孟冬。漢襲秦制，
　　　　以十月爲歲首。漢之孟冬，夏之七月也。至孟冬寒氣至，北風何慘
　　　　栗，蓋漢武已改用夏時矣。三代改朔不改月，古人辨證博引經傳多
　　　　矣，獨未引此耳〔註72〕。

首先梁章鉅在此引文犯了一個錯誤，以爲「玉衡指孟冬，非夏之孟冬」是劉履所說，其實這是李善的觀點，見上段所引李善注。其次，梁章鉅也以爲改歲首以後，春夏秋冬也會跟著變。最後還不無得意地以爲自己有了新發現，以爲「玉衡指孟冬」是做在漢初改十月爲歲首以後到漢武改用夏曆以前，而「孟冬寒氣至，北風何慘栗」是作在漢武帝改用夏曆以後。

　　孫志祖《文選理學權輿補》和梁章鉅有幾乎一模一樣的論斷，並且以此證明「《文選》《古詩十九首》非一人之作，亦非一時也。」還引了「又唐儲光羲詩：夏王紀冬令，殷人乃正月，此亦一證」加以論證。儲光羲的詩是季節與月份的關係，而不是季節與季節的差別，不能作爲論據。

　　既然劉履沒有說明論據，而他以爲「冬」字不妥，李善等人的注詩牽強附會，那麼筆者有必要替劉履加以論證。

〔註71〕〔梁〕蕭統選、〔唐〕李善注：文選，清嘉慶胡克家刻本。
〔註72〕〔清〕梁章鉅：文選旁證·卷二十五，清道光刻本。

眾所周知，夏商周漢每一朝代會往前一月建歲首，這樣帶來的變動會是夏曆的七月對應的其實是周曆的十月，但是春夏秋冬對應的月份地支是不變的，也就是說不存在夏曆的冬天和周曆的冬天漢曆的冬天對應的月份地支不一樣。所以李善、梁章鉅、孫志祖等等的說法都是不對的，用表格可以表示為：

	寅	卯	辰	巳	午	未	申	酉	戌	亥	子	丑
	春	春	春	夏	夏	夏	秋	秋	秋	冬	冬	冬
夏	正	2	3	4	5	6	7	8	9	10	11	12
商	2	3	4	5	6	7	8	9	10	11	12	正
周	3	4	5	6	7	8	9	10	11	12	正	2
漢	4	5	6	7	8	9	10	11	12	正	2	3

從上表可以看出四季所對應的月份地支是不變的，也就是說夏曆的春天跟漢曆的春天指的是同一個時間。道理很簡單，我們現在常用陰曆和陽曆，陰曆大致和夏曆差不多，而陽曆大致和周曆重合，陰曆的四月和陽曆的四月肯定不是指同一個時間，但是我們今天的春夏秋冬四季有陰曆和陽曆的差別嗎？可以說古往今來在這個小問題上栽跟頭的人不少，而劉履能指出，確實非常寶貴。劉履是意識到了文本中的物候對應的應該是秋天而不是冬天，但是又沒有版本依據，他擅自改詩原文值得商榷，但他指出舊注的錯誤卻是無疑議的。

（二）關於《贈白馬王彪》脫文

卷二《贈白馬王彪》第二章很簡短，而且第二章開篇沒有像其他篇章一樣用承上啟下的頂真手法，劉履懷疑說：

> 太谷何寥廓，山樹鬱蒼蒼。霖雨泥我塗，流潦浩縱橫。中逵絕無軌，改轍登高岡。修坂造雲日，我馬玄以黃。

> 章首疑脫二句，如下章承上起下之詞。不然，何獨簡短若此耶？

《贈白馬王彪》的句式是這樣：

首章：謁帝承明廬……引領情內傷。（十句）

二章：太谷何寥廓……我馬玄以黃。（八句）

三章：（頂真）玄黃猶能進……攬轡止踟躕。（十二句）

四章：（頂真）踟躕亦何留……撫心長太息。（十二句）

　　五章：（頂眞）太息將何爲……咄唶令心悲。（十四句）

　　六章：（頂眞）心悲動我神……能不懷苦辛。（十四句）

　　七章：（頂眞）苦辛何慮思……援筆從此辭。（十二句）

縱觀全詩，三到七章至少是十二句每章，而且每章開始都無一例外地用了頂眞手法。唯獨第一章只十句，第二章只八句，且第二章開頭並沒有用頂眞手法，十分奇怪。劉履的懷疑是十分合理的，可惜沒有版本支持。或許一二章之間缺的不只兩句，有可能是四句。從文意上來說一二章開頭結尾跨度較大，可能不是兩句詩就能連起來的，或許四句更有可能一些，這樣一二章分別是十二句、十句或者十句十二句。

　　總之，劉履的《風雅翼》是理學興盛背景下的產物，他最大的特點就是模仿朱子的一面，當然，隨著時代思想的改變，這後來也被當成他最大的缺點。此書還有存文獻之功，如保留不少《選詩演義》原文。除此之外，劉履還有自己獨到的眼光，提出不少原創性的觀點。《風雅翼》在文選學史上是一部非常獨特的作品，不當被人忽視。

第四章 元代《文選》刊刻述論

第一節 陳仁子刻茶陵本李善注《文選》

陳仁子對文選學的貢獻不僅在於輯《文選補遺》四十卷，還在於刻了非常著名的茶陵本《文選》。

一、古迂書院之刻書

古迂書院（又稱東山書院）所刻之書甚夥，當時刻書盛極一時，今傳世的亦不在少數。因爲東山地處茶陵，所以古迂書院刻書，一般被稱爲「茶陵本」。「茶陵本」在中國的刻書史上，絕對是享有盛譽的。比起陳仁子褒貶不一的《文選補遺》，陳仁子所刻的茶陵本六臣注《文選》在古代所獲得的多半是讚譽，近現代隨著諸多宋本、唐寫本的影印普及，茶陵本《文選》地位才有所降低。

有一點需要指出的是，陳仁子入元不仕，古迂書院是他靠自己及其家族的力量所建，所以算是私學，他們所刻的書雖然有書院之名，但準確地說應當是私刻，這點葉德輝在《書林清話》中早已指出過，以爲古迂書院刻本屬於「有名爲書院，實爲私刻者」。

今存古迂書院較有名的刻書，據肖東發的統計如下表 [註1]：

〔註 1〕肖東發：中國圖書出版印刷史論，北京大學出版社，2001，頁 279。

刊刻年代	作者	書名
大德三年	〔宋〕呂大臨	《考古圖》十卷
大德三年	〔唐〕李善等	《增補六臣注文選》六十卷附《諸儒議論》一卷
大德九年	〔宋〕沈括	《夢溪筆談》二十六卷
大德年間	〔漢〕荀悅	《申鑒》五卷
大德年間	〔漢〕劉向	《說苑》二十卷
大德年間		《尹文子》二卷
大德年間	〔元〕陳仁子	《文選補遺》四十卷
大德年間	〔元〕陳仁子	《牧萊脞語》二十卷、二稿八卷
大德年間	〔宋〕葉夢得	《葉先生詩話》三卷
大德年間	〔元〕陳仁子	《韻史》二百卷
大德年間	〔元〕陳仁子	《迂褚燕說》三十卷
大德年間	〔元〕陳仁子	《唐史厄言》三十卷

其實《韻史》《迂褚燕說》《唐史厄言》三書其實並沒有刊刻，肖氏納入此表欠妥。未刊刻的證據有二。一是陳仁子侄子譚紹烈《文選補遺識》云：

> 外有所輯《韻史》三百卷、《迂褚燕說》三十卷、《唐史厄言》

三十卷，續用工刻梓，以求知好古君子云。

此處「續」字當「接下來」講，譚作識時打算接下來刻這三本書，但當時還沒有刻，以後刊刻有沒有什麼變故就不知道了。第二條證據是在現存所有目錄中，只有《補元史藝文志》《元史新編》《元書》等這樣的著述目錄提到這三本書，而所有藏書性質的目錄沒有提到這三本書的刊刻本。因此可以斷定，古迂書院並沒有刊刻這三本書。

另《皕宋樓藏書志》著錄：

> 《冤魂志》一卷，舊鈔本……宋茶陵陳仁子同校。〔註2〕

由此推斷陳仁子還當刻過《冤魂志》。

從現存本子來看，古迂書院所刻之書原裝是蝴蝶裝，校勘刊刻品質極高，較好地保存了宋本的文字面貌，字體偏重顏體。陳氏刻書某些本子的板式有一致性，《鐵琴銅劍樓藏書目錄》就曾提到過影鈔元本陳仁子刻《葉先生詩話》板式與陳仁子所刻《夢溪筆談》板式相同：

〔註2〕〔清〕陸心源：皕宋樓藏書志・子部・卷六十四，清光緒萬卷樓藏本。

> 《葉先生詩話》三卷，影鈔元本。題石林葉夢得少蘊述，古迁
> 陳仁子同備校正。此從仁子刻本影寫甚精。仁子嘗刻《夢溪筆談》，
> 此本板式與同。〔註3〕

而且古迁書院刻書用紙也很有特色，學者指出茶陵本《夢溪筆談》用紙
情況：

> 據有關造紙的同志專門分析，認爲此書是用皮紙印造，紙的表
> 面有一層白色的石灰質，可能對防潮、防蠹有一定的作用。此書已
> 有近七百年的歷史，但至今宛如新印，毫無黴蠹現象。這又爲研究
> 古代造紙技術和圖書防蠹方法等，提供了實物材料。〔註4〕

湖南盛產竹，刻書多用竹紙，而古迁書院刻的《夢溪筆談》卻用的是特殊的
皮紙，確實難得。總之，古迁書院的刻書刻印、校勘俱精，是元代刻書業的
重要組成部分。

二、茶陵本《文選》原本及其明翻刻本

　　大德年間，陳仁子的古迁書院刊刻了《增補六臣注文選》六十卷，因爲
刊刻地處茶陵，因此習慣上被簡稱爲茶陵本。《文選》刻本有四大系統：李善
注本系統，以北宋天聖明道間本、尤刻本爲代表；五臣注本系統，以陳八郎
本、杭州開箋紙馬鋪鍾家刻本爲代表；六家本系統（五臣前，李善後），以秀
州本、明州本爲代表；六臣本系統（李善前，五臣後），以贛州本、建州本爲
代。以上所舉代表性版本，都是宋刻本，元及明清刻本基本從這幾家出。茶
陵本李善居前，五臣在後，從贛州本出，屬於六臣本系統。明代翻茶陵本《文
選》時還附有陳仁子所輯《諸儒議論》一卷。

（一）元大德刊本

　　茶陵本原刊本不少目錄著錄爲宋刻本，此本現存者藏於國圖，題曰《增補
六臣注文選》六十卷，存九卷，索書號 A01108。卷三七卷端首行「增補六臣
注文選卷三七」，次行「梁昭明太子撰，唐六臣集注」，又次行「茶陵前進士古
迁陳仁子校補」，此半葉以「翰同」下空三格結束。陳仁子以咸淳十年（1274）

〔註3〕〔清〕瞿鏞：鐵琴銅劍樓藏書目錄・集部六・卷二十四，清光緒常熟瞿氏家
　　　塾刻本。
〔註4〕李致忠、徐自強：在周總理關懷下北京圖書館入藏的一批善本書，文獻，1979
　　　年第 1 期，頁 78。

年中漕試第一,至 1279 年宋亡,期間作登仕郎。此刻署名是「前進士」,則當是宋亡入元以後所刻。陳氏刻書是在古迂書院修建以後,而古迂書院修建於元大德年間,所以茶陵本《文選》應當無宋本,最早是元大德刊本。

國圖本存九卷,(卷二十二、三十三、三十四、三十七、三十八、四十一、四十二、四十九、五十)五冊,半葉十行行十八字,小字雙行二十三字,黑口,左右雙邊間有四周單邊,雙黑對魚尾。王重民先生也認爲茶陵本有元大德間刻本。他提到的國圖藏本現藏台北,和國圖現存本卷數不一樣,而行款、卷首署名等均一致,當同屬元茶陵本。王重民先生著錄:

> 殘,存四十四卷,四十五冊(北圖),元大德間刻本。……余所見明翻本有陳仁子所輯《諸儒議論》七葉,末一則爲大德三年《文選補遺序》,序後有牌記云:「茶陵東山陳氏古迂書院刊行」。此本闕首冊,故無此牌記;葉德輝藏本正有之。〔《郎園讀書志》卷十五〕。……卷內有「清樂軒」「薑氏圖書」等印記。原書六十卷,此存卷四至九、十三至十八、二十三、二十四、二十七至三十二、三十六至五十九。卷六十以宋本配之,乃李善注也。〔註5〕

由於現存大德殘本無首末兩冊,王先生根據明翻茶陵本的情況推及元本情況。明本有大德三年《文選補遺序》和「茶陵東山陳氏古迂書院刊行」牌記,以此推知,元本也當有,既然有「大德三年」的序和大德間才建的「古迂書院」牌記,則此本當刻在元大德間無疑,而非宋刻。

(二)葉德輝藏本

王氏提到的葉德輝藏本,范志新以爲大德茶陵本以外的的另一個元刊本,其考證見《茶陵本在元代有兩刻》〔註6〕。其論點是葉德輝著錄其本「半葉十行,行十八字,小字雙行,字數同前。」與大德本小字二十三字行款不同。另有作者六臣全名、白口黑口不同的證據。葉氏藏本和大德確實不同,但也有葉氏誤明翻本爲元本的可能。范氏又認爲:

> 王重民雖然在同卷「明翻茶陵本」條云:「葉德輝謂卷一三行同《目錄》,則卷一具六臣名。余未見。」末三字似有狐疑,然論陳氏院刊本時仍引葉本以補首冊之闕,可見他還是相信葉氏之說的。〔註7〕

〔註 5〕王重民,中國善本書提要,上海古籍出版社,1983,頁 430。
〔註 6〕范志新,文選版本論稿,江西人民出版社,2003,頁 67～70。
〔註 7〕同上。

范氏此處頗爲牽強，王重民只能從葉德輝著錄了解葉本情況，他必然沒見過原書，這就讓王重民對葉本的判斷大打折扣，即使他相信葉德輝的話，也可能是被葉德輝判斷誤導，況且王氏還有存疑。范氏還有一條證據認爲葉本非明翻本：

> 葉本後輾轉轉入莫伯驥手，其《五十萬卷樓群書跋文》「集部六」跋此本云：「此爲長沙葉氏藏本。葉氏跋語云云。」當非虛語。
> 〔註8〕

莫伯驥早年做過編輯，靠賣軍需藥品積纍財富，愛好收集圖書。1934 年，《五十萬卷樓藏書目錄初編》二十二卷編成，但莫氏藏書在日本侵華戰爭中幾乎全部散佚。1941 年以後，莫家才收回舊藏書十箱，莫伯驥開始編訂《五十萬卷樓群書跋文》。當他寫葉氏此書的時候，恐怕手頭已經無此書了，所以只能引用葉氏跋語，所以其說法還是源於葉氏，由此莫氏言論可信度降低。

　　總之，葉氏所藏本確實不同於大德茶陵本，但是元刊本還是明翻本就難說了，如今葉氏藏書消失於天壤間，此公案恐怕難有定說。

（三）明嘉靖刻本

　　《六臣注文選》六十卷，《諸儒議論》一卷，元陳仁子輯，明刻本。藏地：國圖、北師大、中國歷史博物館、公安部群眾出版社、北京市文物局、上海圖書館、天津師範大學圖書館、吉林大學圖書館、東北師範大學圖書館、黑龍江大學圖書館、寧夏大學圖書館、南京圖書館、蘇州市圖書館、浙江圖書館、武漢圖書館、廣西壯族自治區圖書館。

　　其中國圖藏本（索書號9451），三十冊，十行十八字，小字雙行二十三字，細黑口，四周單邊。

　　北師大藏本（索書號善830/514-032），師大館藏著錄：

> 四十八冊八函，31cm。下書口有：李清、李潮、李鳳等刻工鐫名。考刻工李清、李潮於嘉靖年間爲袁氏嘉趣堂刻《文選》此本應刻於當時。半葉十行十八字，小字雙行二十三字，白口或細黑口，四周單邊；框高20.7cm，寬13.5cm。

　　北師大還有一藏本：索書號善830/514-016。北師大著錄：

> 三十冊（四函），28cm。有梁昭明太子蕭統撰唐六臣注《文選

序》；呂延祚《進五臣集注文選表》；李善《上文選注表》；有「茶陵
東山陳氏古迂書院刊行」牌記；目錄首葉鐫：「梁昭明太子蕭統撰，
唐李善呂延濟劉良張銑李周翰呂向注，茶陵前進士陳仁子校補」；下
書口有：李清、李潮、李鳳等刻工鐫名。考刻工李清、李潮於嘉慶
（按：「慶」爲「靖」之誤）年間爲袁氏嘉趣堂刻《文選》。此本應
刻於當時。十行十八字，小字雙行二十三字，白口（按：當爲細黑
口），四周單邊；框高 20.7cm，寬 13.1cm。

兩本都是雙黑對魚尾，明白棉紙。下書口刻工還有：雇千、張朝、直、馬、
相、唐天得、王今、宅、淮、傑。李善《上文選注表》之後是昭明太子《文
選序》，之後是陳仁子輯《諸儒議論》一卷，內容是前賢關於《文選》的一些
看法。《諸儒議論》末有「茶陵東山陳氏古迂書院刊行」牌記。卷一卷端題「六
臣注文選卷第一」，次行題「梁昭明太子蕭統撰」，「唐李善呂延濟劉良張銑李
周翰呂向注」。本半葉以注「不都長安」結束。

　　師大索書號 016 本特色在於有大量的朱筆批註，內容主要是品評詩文優
劣。北師大通過考察刻工李清李潮在嘉靖間爲袁褧嘉趣堂本刻《文選》，判定
此本刊刻時間也在嘉靖年間，有一定道理，今從之。另外明嘉靖三十一年顧
存仁養吾堂刻《風雅翼》的牌記也曾提到過：

　　　　是編刻於嘉靖甲辰，訖工今歲壬子，刻李潮叔任，書龔氏白谷，
　　技盡吳下，可與茲篇並傳。

由此可以證明李潮在明嘉靖間蘇州一帶刻工，定此本爲明嘉靖刻本不誤。

　　師大兩種藏本行款格式刻工框高都一致，只是書的開本、冊數、函數不
一樣，應該是同一刻板的先後印本。016 本間有以抄葉補入，很多版面漫漶不
清，應是後印本。

　　以此明嘉靖刊本對比國圖藏元刊大德茶陵本殘卷卷三七首葉（兩面）：

項目	大德茶陵本	明嘉靖刊本
首行	增補六臣注文選卷三十七	增補六臣注文選卷三十七
二行	梁昭明太子撰　唐六臣集注	梁昭明太子撰
三行	茶陵前進士古迂陳仁子校補	唐六臣集
行款	左右雙邊，其他同	四周單邊，其他同
版心	無字	文選卷三十七、二
前半葉末	小注「翰同」加三空格	小注「翰同善注」加一空格

後半葉首	大字「臣聞洪水」	大字「臣聞洪水」
後半葉末	小字「厄困也董卓破洛陽」	大字「厄困也董卓」

對比二者可知明版和元版已經大有不同，將昭明太子和六臣題名分入兩行，而刪去陳仁子題名。行款雖然相同，但明版間或在正文和注文相接處留出一個空格，這就導致二者在前半葉開頭結尾同，後半葉開頭同，而後半葉結尾字句卻不相同的結果。另，前半葉末陳本以「翰同」加三空格結束，明嘉靖本將其中兩空格補爲「善注」。二者字體上的差別也十分明顯。考慮到此本與茶陵本已有不少差別，此本算明代重刻陳仁子茶陵本。

（四）查瑩批校明刻本

《六臣注文選》六十卷，《諸儒議論》一卷，元陳仁子輯，明刻本。清查瑩批校。存五十六卷，卷一至四、九至六十，上圖藏。

（五）丁丙跋明刻本

《六臣注文選》六十卷，《諸儒議論》一卷，元陳仁子輯，明刻本，清丁丙跋，南圖藏。

三四五或爲同一刻本。

（六）明嘉靖二十八年（1549）洪楩刻本

《六臣注文選》六十卷，《諸儒議論》一卷，元陳仁子輯，明嘉靖二十八年洪楩刻本，有嘉靖二十八年田汝成序，末有「茶陵東山陳氏古迁書院刊行」十二字木牌記。十行十八字，小字雙行二十三字，白口，四周單邊。版心下記刻工姓名：張敖、王令、唐大得、李、馬、清、其。

此本藏地：國圖、對外貿易部、北京市文物局、上圖、河北大學圖書館、貴州省圖書館。

國圖有兩本。其一：卷十七至六十配明潘惟時、潘惟德刻本，三十冊，索書號16810。其二：二十九冊，存五十八卷，一至十六，十九至六十，索書號16659。

（七）明萬卷堂刻本

《六臣注文選》六十卷，《諸儒議論》一卷，元陳仁子輯，明萬卷堂刻本。首都圖書館、北大、北師大、故宮博物院、上圖、復旦、天津圖書館、吉林省圖書館、中國科學院新疆分院圖書館有藏。

（八）明嘉靖何孟倫輯注本

《六臣注文選》六十卷，梁蕭統輯，明何孟倫輯注，《諸儒議論》一卷，明陳仁子輯，明嘉靖刻本。上圖、天津師範大學圖書館、重慶市圖書館有藏。此本明何孟倫輯注不知有無改編，但根據後面附《諸儒議論》看來，何氏所用底本當是陳仁子刻本系統的本子。

三、茶陵本之評價

陳仁子茶陵本屬於六臣本系統，李善居前，五臣在後，從贛州本出。茶陵本在這個系統中上接宋本，下啓明清，是六臣本系統流傳的重要一環。斯波六郎曾列出如下版本流傳圖〔註9〕：

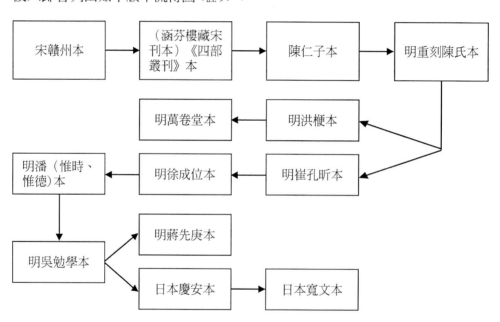

斯波六郎以爲贛州本不是根據單刻的五臣注和李善注來，所據的是六家本，只是把五臣和李善的位置顛倒了一番，而贛州本刊刻時間又在六家本的明州本之後，所以其價值比不上明州本。作爲贛州本後繼者的茶陵本，斯波六郎云：

> 陳仁子原刊本未見，就嘉靖間重刻本而論，因爲所據本乃《四部叢刊》本系統……但此本訛誤字、脫字、衍文甚多，特別是注文

〔註9〕〔日〕斯波六郎著、戴燕譯，對《文選》各種版本的研究/中外學者文選學論集，中華書局，1998，頁853。

中幾乎每行都有脫字空格（疑有故意刪除處）。說到它的長處，在於
改正別本的訛誤，但這些地方也是胡刻本、明州本、袁本、贛州本
不曾出錯的，因此不能說是此本所特長。此本卷首的總目一改宋本
總目舊式，爲爾後明刊六臣注諸本總目始作俑者。洪楩本沿襲陳氏
本但訛誤愈增，萬卷堂本則全從洪氏本出。〔註10〕

由此可見，斯波六郎對陳仁子茶陵本評價不高。

清彭兆蓀曾說過：

> 吳門袁褧以家藏崇寧舊籍影寫刊行，雖並五臣，要爲近古。茶
> 陵陳仁子本亦當宋末，其所據依，足資考鏡，可證尤刻惟此二書。
> 餘如元張伯顏以後，遞有摹雕，要皆宋本之重儓，遂初之別子也。
> 〔註11〕

這裡看似對袁本和茶陵本的評價比張伯顏本高，但彭氏的出發點茶陵本居宋
末，他以爲茶陵本是宋本，繼而判斷茶陵本品質高過於張伯顏本，其實反映
的是清人一種佞宋心態。

楊守敬在接觸了不少日本珍本以後，再評價陳仁子茶陵本，就頗多微詞
了：

> 若元茶陵陳仁子刊六臣本，及明吳勉學刊六臣本，雖亦善注居
> 前，而又多所刪節改竄，更不足據。〔註12〕

但我們也不該忽視，在宋版難以得見的時代，明代以茶陵本及其翻刻本
爲底本，衍生出眾多的六家本《文選》。可以說，茶陵本在明清兩代六家本系
統的傳播上和《文選》的普及上，也曾發揮過重要作用。

當代各種宋刻本以及唐寫本等珍貴版本被影印普及，連直接影刻尤袤本
的胡刻本地位都不如從前了，茶陵本的評價和地位降低也並不奇怪。茶陵本
原刻字體偏顏體，寫刻精美，保留了宋本風格。

第二節　張伯顏刻李善注《文選》

陳仁子刻茶陵本《文選》之後，張伯顏再刻《文選》，其本屬於李善單注

〔註10〕同上，頁854。
〔註11〕〔清〕彭兆蓀：小謨觴館詩文集・卷一，清嘉慶十一年刻二十二年增修本。
〔註12〕〔清〕楊守敬：日本訪書志・文選六十卷宋槧楓山官庫本・卷十二，清光緒
　　　　刻本。

本系統，一般認爲出自尤袤本，也有學者以爲張氏根據的是元代池州路的一個翻刻尤刻本，而非直接承尤袤本而來。

一、張伯顏生平

　　元代鄭元佑的代張伯顏子大中作《平江路總管致仕張公壙志》，詳細記載了張伯顏的生平、仕履：

> 至元二年丙子，先公年六十有五……三年夏六月十四日卒於相
> 城之私第。〔註13〕

　　張伯顏生於前至元九年（1272），卒於後至元三年（1337），享年六十五。長洲相城人（今江蘇蘇州）。

> （張伯顏父諱顯）江淮等處財賦副總管，累贈亞中大夫廣德路
> 總管，輕車都尉，追封清河郡伯。祖母鄺氏，封清河郡君。配沈氏。
> 子男二人，長不肖孤都中，次好禮早夭，女一人，適羅烈。〔註14〕

這是張伯顏的家庭情況。需要說明的是張伯顏的這一方壙志在清代出土，據清人的所藏拓本，知吳集中的長子「都中」應當是「大中」〔註15〕。

　　張伯顏，原名世昌，字正卿，成宗賜名伯顏。其仕履如下：

> 大德五年，宣授將作院判官。十年冬，出爲泉州路總管府治
> 中。至大初，升授同知邵武路府事。明年，改兩浙都運鹽使司同
> 知。丁內艱，服闋。延祐元年，除慶元路同知。七年，升授奉政
> 大夫池州路同知。泰定三年，進階朝散大夫福寧州尹。至順二年，
> 超遷大中大夫漳州路總管。至元二年丙子，先公年六十有五，是
> 夏代歸。先公素有止足意，即告老於朝。於是以正議大夫平江路
> 總管致仕，歸臥吳下，春容丘園，而以三年夏六月十四日卒於相
> 城之私第。〔註16〕

泰定三年，錢大昕引此文作「泰定五年」〔註17〕，葉廷管以爲錢大昕是依循了鄭元佑文集的錯誤，而沒有石刻文獻可以校勘。其實鄭元佑文集記載本不誤，只是錢大昕轉引把「三」作「五」。

〔註13〕〔元〕鄭元佑：僑吳集・卷十二，清文淵閣四庫全書本。
〔註14〕同上。
〔註15〕〔清〕葉廷管：張伯顏壙志/吹網錄・卷三，清同治八年刻本。
〔註16〕〔元〕鄭元佑：僑吳集・卷十二，清文淵閣四庫全書本。
〔註17〕〔清〕錢大昕：十駕齋養新錄・卷二十，清嘉慶刻本。

　　張伯顏在地方做官時，注重發展文教和經濟，頗有政聲。《(弘治) 八閩通志》記載：

　　　　張伯顏，字正卿，其先河間人，後徙吳門。泰定間至順初，知
　　福寧州，均賦役，革冗濫，禁侵漁社，弘謁清剛之操，終始如一。
　　在任嘗修學校，創學田，士民感德其惠。〔註18〕

二、張伯顏本刊刻情況

（一）張伯顏刊本現存本

　　現存池州路張伯顏元刊《文選》，國圖藏，索書號 A01107。存五十卷，卷十一至六十。卷四十一配明嘉靖元年汪諒刻本，黃丕烈校，四十九冊，十行二十一字，小字雙行同，白口，左右雙邊，雙黑對魚尾。

　　更早的王重民《中國善本書提要》記載北圖有一藏本存三十二卷，十五冊，此本凡存卷三至八、十三、十四、十七、十八、二十一至二十四、二十七、二十八、三十一至三十八、四十五至四十八、五十三至五十六。行款板式等都和 A01107 一致，只是所存卷數冊數不一致。王重民著錄之本今藏於台北故宮博物院，台北故宮博物院比之王氏著錄少卷十三、十四，其他卷數合。另台北「國家」圖書館存三十五卷，也著錄為元池州路張伯顏刊本。

　　國圖藏本從卷十一起，卷端首行題「文選卷第十一」、次行「昭明太子選」，次行「唐文林郎守太子右內率府錄事參軍崇賢館直學士臣李善注上」，次行「奉政大夫同知池州路總管府事張伯顏助率重刊」，次行卷十一的目錄。

　　用紙上，葉德輝《郋園讀書志》卷十五云：「元印為黃色細筋紙。」〔註19〕明代各本則白棉紙居多。

（二）張伯顏本定名「延祐本」「大德本」商榷

　　此本題「梁昭明太子選，唐文林郎守太子右內率府錄事參軍崇賢館直學士臣李善注上，奉政大夫同知池州路總管府事張伯顏助率重刊。」則知此本刻於張伯顏作奉政大夫同知池州路總管府事期間。清陳鱣云：

　　　　按錢詹事《養新錄》稱是書有前海北海南道肅政廉訪使余鏜序，

〔註18〕〔明〕陳道：(弘治) 八閩通志・秩官・卷三十九，明弘治刻本。
〔註19〕葉德輝：郋園讀書志・卷十五/湖南近現代藏書家題跋選，嶽麓書社，2011，
　　　　頁 720。

今此本缺焉。又不列年月，然余定爲延祐本。考鄭元佑《僑吳集》……

今合諸卷首結銜，知刊於延祐時矣。〔註20〕

王重民云：

陳鱣有是書跋，載《簡莊綴文》卷三，謂此本刻於元延祐間，

當是也。〔註21〕

按：據上引鄭元佑文「七年，升授奉政大夫池州路同知。泰定三年，進階朝散大夫福甯州尹。」七年，指延祐七年（1320），泰定三年爲1326。所以張伯顏刻《文選》當在延祐七年到泰定三年這七年之間。張伯顏上任在延祐七年，是延祐最後一年。張伯顏上任即使馬上刊刻《文選》，《文選》卷帙浩大，一年時間就刊刻完全恐怕困難。所以張伯顏此本刊刻在至治泰定間要準確些。

另《杏花村志》記載：

近得里人吳彥《文選》本，乃大德九年池州同知張伯顏所刊，

余璉序曰……〔註22〕

這裡說張伯顏刻本在大德九年，其實是誤讀了余璉序，余序將在下文詳細解析，大德九年是伯都所刊《文選》，此時離張伯顏到任池州，還有十多年的時間，張伯顏顯然不可能提前在池州刻《文選》。

（三）張伯顏本直承尤刻本發覆

張伯顏本的刊刻地池州和《文選》頗有淵源。池州乃蕭統封國，傳說蕭統在此編纂《文選》三十卷，池州有昭明廟、文選閣。淳熙八年（1181）尤袤在池州刻李善注《文選》，這就是歷史上有名的尤刻本文選。尤刻本版片在戰亂中毀版，因爲張尤二本同在池州刊刻，都是屬於李善注系統，而且相隔時間不過百餘年，所以前輩學者一般認爲張伯顏本是直承尤刻本而來。楊紹和、陸心源等都持此種觀點。近人范志新認爲在尤本和張本之間還有大德伯都刊過渡本，一是因爲余璉序提到過這個本子，二是「今觀延祐本與文字異同如此之多，也不能不讓人思索，延祐本與尤本之間，有一過渡之本，大德本正當其選」〔註23〕。另《全元文》第三十五冊132頁收璉序，但是誤「余璉」

〔註20〕〔清〕陳鱣，簡莊詩文鈔‧卷三，清光緒刻本。

〔註21〕王重民，中國善本書提要，上海古籍出版社，1983，頁429。

〔註22〕〔清〕郎遂，（康熙）杏花村志‧卷三，清康熙二十四年刻本。

〔註23〕范志新：文選版本論稿，江西人民出版社，2003，頁76。

為「佘璉」。為避免斷章取義，今錄佘璉《重刻文選序》全文如下：

> 梁昭明享池祀，夫豈徒哉。如有所為者，知其有《文選》也。
>
> 必人永其傳，則人壽其享矣。

以上講池州和《文選》的淵源。

> 惟大德九祀，予以貳郡是承，以墜典是詢，父老具曰：「伯都司
>
> 憲新《文選》之梓於燼。」告厥成，因相與樂之。

大德九年（1305），佘璉詢問的舊典應當是尤刻本，「伯都司憲新《文選》之
梓於燼」，「於燼」表明尤刻本已經毀版，伯都司憲所新則是重刻或據存書覆
刻。「告厥成」表明在大德九年不久池州伯都刻本刊刻成功。

> 越十有三載，予時備遣皇華，諮諏炎服，還，有以梓蹈災轍，
>
> 而告厥廢者，乃相與歎之。

延祐五年（1318），佘璉聽說伯都刻版又毀掉。

> 再明年，即池故處吾歸老焉。聿感逮茲，徒念罔濟。吾既不果
>
> 憲斯道，又不復政斯郡，末如之何矣。幾將來者，豈不有我心之同
>
> 然者乎？
>
> 未幾，同知府事張正卿來，思惠而為政，將桓復斯集。俾邑學
>
> 吳梓校補遺謬，遂命金五十以自率，群屬靡不從化。
>
> 心之身之，度之成之，播之揚之，謌之詠之。四方則之，多士
>
> 德之。伊誰為之，何日忘之。宜有以識之。奉議大夫前海北海南道
>
> 肅政廉訪使佘某序。奉政大夫同知池州路總管府事張伯顏助率重
>
> 刻。

延祐六年（1318）以後的「未幾」，當是延祐七年（1319），與鄭元佑《壙志》
所云「七年，升授奉政大夫池州路同知」，剛好吻合。張伯顏到任以後準備「桓
復斯集」，「斯集」肯定是李善注《文選》，但根據底本是尤刻本還是伯都本就
沒指明了。張伯顏命邑學校補遺謬，就表明張刻本對底本是有改動的。張伯
顏表率出五十金，下屬們也各自捐金刻書。「奉政大夫同知池州路總管府事張
伯顏助率重刻」，表明張伯顏刻本是「重刻」，既然是重刻，那麼就可能會改
變板式，甚至改變些內容。

從「校補遺謬」「重刻」這兩處來解釋尤本和張本的差別亦可。況且張氏
刻書實在沒有理由不取宋代的尤刻本，而只取比自己早十五年的伯都本為底
本。因為范氏以為伯都本是過渡本只是推論，今又無伯都本可以三本對刊，

所以還是謹慎些，從余璉序分析，仍然遵從張伯顏本直接來源於尤刻本的觀點。

三、張伯顏本評價

張伯顏刻本是李善注系統，但卻混入了不少五臣注。這自然是由於現存單行李善注本是從六臣注裡面剝離出來，五臣注未被剝盡所致。對於此點，于敏中早有批評：

> 張伯顏無考，其樞刻此書，頗得宋槧模範。第書中衹收李善一人之注，而又錄呂延祚《進五臣注表》，未免自清其例矣。〔註24〕

而葉德輝卻對張伯顏本褒揚有加：

> 元張伯顏刻《文選李善注》，勝於南宋尤袤本也。（胡克家仿刻宋本即尤本。《孫記》極稱張伯顏本之善。蔣光煦《東湖叢記》元板李善《文選注》跋云：「錢遵王《讀書敏求記》云善注有張伯顏重刊元板，不及宋板遠甚。以余所聞中，吳藏書家所有宋本已多不全，似未若斯之完善。」皆張本定論。）〔註25〕

瞿鏞也曾稱讚過張伯顏本：

> 《文選》善注，淳熙辛丑尤延之刻本外，即推張本為善。汲古閣本多脫誤。〔註26〕

張伯顏本與尤刻的不同，除了字句上的不同外，在卷二七末，張本還有古詞《君子行》一首，此古詞尤刻李善注本沒有，而六臣注本有。

但是，張伯顏本及其衍生本在沒有胡刻本以前，是元明清人閱讀李善注系統《文選》的不二選擇。這一點，用斯波六郎先生的版本流傳圖最能說明問題〔註27〕：

〔註24〕〔清〕于敏中，天祿琳琅書目·文選·卷六，清文淵閣四庫全書本。

〔註25〕葉德輝：書林清話·卷七，民國郋園先生全書本。

〔註26〕〔清〕瞿鏞：鐵琴銅劍樓藏書目錄·文選·卷二十三·清光緒常熟瞿氏家塾刻本。

〔註27〕〔日〕斯波六郎著、戴燕譯：對《文選》各種版本的研究/中外學者文選學論集，中華書局，1998，頁851。

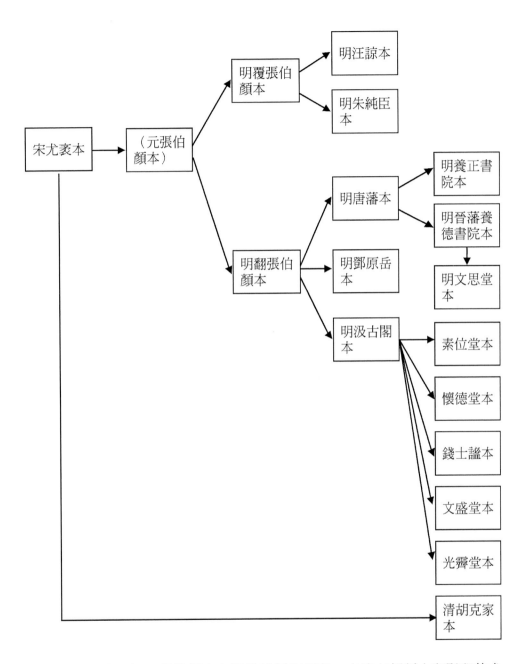

　　由此圖表可知，張伯顏本在明代被反復刻印，在沒有胡刻本和影印的尤刻本之前，元明清三代閱讀的主要是張伯顏支系的本子，所以張伯顏本爲李善注《文選》的普及和傳播做出過不小的貢獻。

第五章　元代文選學之再評議

　　第一至四章筆者用專人專書的研究方式，分別論及方回的《文選顏鮑謝詩評》《虛谷評五謝詩》、陳仁子的《文選補遺》、劉履的《風雅翼》、陳仁子及張伯顏刊刻的《文選》，本章筆者根據以上研究，打破舊有框架，分別從元代文選學的刊刻、注釋、評點、廣續、理學特徵幾大板塊，對元代文選學進行再評議。

第一節　元代文選學之刊刻成就

　　《文選》在元代有陳仁子古迁書院大德年間所刻《六臣注文選》，即茶陵本文選（存）、大德九年伯都池州刊《李善注文選》（佚）、至治泰定間張伯顏池州刊《李善注文選》（存）。元代文選學的幾部著作，方回的兩部一直流傳不廣，從來沒有刊刻過。《文選補遺》在元大德間有刊本，今不傳。《風雅翼》最早的上虞刊本是在明洪武間，沒有元刊本。以現存而言，元代所刊有陳仁子茶陵本《六臣注文選》、張伯顏池州路《李善注文選》。

　　茶陵本《文選》屬於六臣本系統，在六臣本系統中上承贛州本，下啓明代的洪楩本、萬卷堂本、崔孔昕本、徐成位本、潘惟時潘惟德本、吳勉學本、蔣先庚本等。六臣本系統本來是根據六家本，然後把五臣和李善位置顛倒一番，所以即使是宋刻的贛州本、建州本品質也不如六家本的明州本。所以，陳仁子本品質現在看來不太讓人滿意，根本原因是六臣本系統的先天不足。當然陳仁子本也有自身的問題，比如有很多脫字空格處。

　　張伯顏刊《文選》屬於李善注系統，因爲同處池州，因而和尤刻本有著

密切關係。張伯顏本上承宋尤刻本,下開明代龐大的張伯顏系統,比如唐藩本、鄧原岳本、汲古閣本,汲古閣本之下又有素位堂本、懷德堂本、文盛堂本等等。總之在沒有清代覆刻尤本的胡刻本之前,張伯顏本及其支系是明清人閱讀李善注文選的主要選擇。李善注系統是從六臣注系統中剝離出來的,由於剝離未淨,李善注系統中有不少錯收漏收的注,中間就含混了一些五臣注。因此,張伯顏本也包含了不少五臣注的痕跡。比之胡刻本,張伯顏本對尤刻本的改動要多一些。如張伯顏本卷二七還存《君子行》一首,此詞李善注本沒有,六臣本卻有。

總之,在今天唐寫本、宋刊本等從前難得一見的珍貴本子被影印普及以後,元代所刻的茶陵本和張伯顏本價值就大大降低了,因為他們畢竟有改動宋本的地方,且難免有魯魚亥豕之處。但我們不該忽視的是,在二十世紀前,在有人終其一生都見不到唐本宋本《文選》的時代,茶陵本、張伯顏本據宋本而來,畢竟保留了宋本絕大多數的精華,而且他們及其翻刻覆刻本對於延續整個《文選》的傳播發揮過不可替代的作用。其上啟唐宋下開明清的《文選》刊刻之功,不當被抹去。

第二節 元代文選學之注釋得失

比之唐代的李善注、五臣注,元代沒有一書系統注釋文選,注釋而言,元代的文選學的確是衰落了。

方回的《顏鮑謝詩評》《五謝詩》所選詩歌,只是《文選》內容的一小部分,中間有些注釋,其特點第一章已經論及:「考時論事」、「考年論人」;考證名物字詞;解釋典故,述出處本末;考辨《文選》正文;補正《文選》注文。方回注釋還有一個特點是酷似章句之體,串講文意。

劉履的《選詩補註》八卷,涉及面要比方回書多得多。其注釋體例仿朱熹注《詩經》《楚辭》,從音韻、訓詁、本事、詩旨、賦比興、前人過失角度對《文選》詩進行注釋,劉履書中不乏原創性觀點,特別是關於《贈白馬王彪》的脫文問題。劉履書的最大特點就是用朱熹注詩騷的方式注《文選》詩,這是元代理學盛行背景下的產物,有自己的特色。當然,這也開明代附會風氣,頗受人詬病。

總體而言,元代比之唐代的《文選》注釋是不可同日而語的。但元代的

注釋也頗有自己特色，比如方回類似章句體串講文意，劉履以朱熹注詩騷方式注《文選》。

第三節　元代文選學開評點一派

元代開文選學評點一派，主要得益於方回的《顏鮑謝詩評》和《五謝詩》以及劉履的《選詩補註》。方回的評點好標句眼、佳句，品評詩歌優劣；關注詩歌藝術特色、詩風演變；議論迭出，闡述詩歌主張，比如「情眞義眞」「自然」「以脈爲主」。劉履的評點特色在於附會君臣之道來探討詩歌主旨。

此二書開明清《文選》評點之先河。明清《文選》評點之風盛行，趙俊玲《昭明文選評點研究》詳細論之〔註1〕。明清評點類著作代表性的有《文選纂注》《文選纂注評林》《孫月峰先生評文選》《文選尤》《梁昭明文選越裁》《山曉閣重訂文選》何焯評《文選》《文選集評》等等。在唐宋《文選》評點之學還未興起，而到明清，則讓人有目不暇接之感，其間有先導性的著作便是方回二書和劉履的《選詩補註》。

在《文選》評點學上，元代文選學有開創之功。

第四節　元代文選學興廣續之風

元代《文選》的廣續本有劉履的《選詩補遺》《選詩續編》，陳仁子的《文選補遺》。他們顯著特點是在選錄標準上受理學家眞德秀《文章正宗》的影響比較大，其中很多篇目直接來自於《文章正宗》，這一點陳仁子書尤其明顯，而且陳書很多注釋都是直接引用眞德秀的原話。

元代以前，《文選》的廣續之風並不是很興盛，即使像《唐文粹》《宋文鑒》《文苑英華》等有續《文選》之意，但並不會在篇名上冠《文選》之名。到元代以後，劉履、陳仁子開時代風氣，直接在自己作品上冠《文選》之名，而選則標準則與昭明大相徑庭。明代廣續《文選》之風盛行，代表作有劉節《廣文選》、周應治《廣廣文選》、《文選增訂》。這些作品大多仍延續陳劉之書，冠以《文選》之名，而選文標準則不再像陳劉那樣悖逆《文選》，轉而遵循《文選》標準，也許是元人在廣續《文選》的同時背離《文選》越來越遠，

〔註1〕趙俊玲，昭明文選評點研究，復旦大學2008年博士學位論文。

明人才加以及時糾正，回歸《文選》。

在《文選》廣續上，元代文選學興起明代廣續《文選》之風。

第五節　元代文選學之理學特徵

元代文選學貫穿始終的便是其理學特徵。方回、劉履、陳仁子都有理學淵源。

方回本身就是理學家，尊朱子，他在《文選顏鮑謝詩評》中以朱子好惡選擇佳句。《四書章句集注》是章句體，方回二書申講文意和朱熹章句體申講文意的方式很像。當然，此書理學色彩不如《瀛奎律髓》重。

陳仁子世代讀書之家，他作為古迂書院山長，自然對理學會有研究。陳仁子對理學是十分推崇的，他在刊刻茶陵本《文選》時不忘附上自己所輯《諸儒議論》一卷。《文選補遺》的選擇標準體現出眞德秀《文章正宗》的影響，大量收錄詔誥、奏議等應用性文體，以為「詔令，人主播告之典章；奏疏，人臣經濟之方略」。具體篇章選擇上，凡是有違忠君之道、不合風俗教化的，都不予收錄，甚至會以人以事以時廢文。陳仁子在注釋上大量引用二程、朱子、呂祖謙、眞德秀等理學家的觀點，再附上自己觀點。《文選補遺》一書理學色彩非常濃厚。

劉履有家學淵源，其四世祖劉漢弼私淑朱熹。劉履《風雅翼》一書模仿朱熹注詩騷的方式注《文選》。謝肅總結的五條「立法」之四認為劉履效仿朱子《詩經》《楚辭》的注，分別是從音韻、訓詁、本事、詩旨模仿朱子。本事、詩旨探討上，往往附會上君臣之道。除此之外，劉履籠統給詩歌套上賦比興的手法，這也是明顯受朱子注《詩經》的影響。《續編》首朱熹理學詩二十七首，尤以二十首「感興詩」為代表，後世四部分類甚至不將解釋二十首詩的著作收入集部，而是收入子部儒家類。

元代文選學的理學色彩頗濃，朱子和眞德秀的影響尤其顯著。理學色彩濃重是元代文選學最重要的特色。

總　結

元代文選學的呈現一種啞鈴型特徵，中間小，兩頭大，主要成就集中在元初和元末，元中期除去張伯顏刻李善注本，幾乎沒什麼成就。元初主要是

方回和陳仁子的書，方回用選和評的形式，開創評點一派，他雖然也有理學特徵，但並不是十分濃厚，方回最關注的是注重詩歌的藝術性和情感性。而陳仁子作爲書院山長，其書理學特徵、傳授君臣之道的痕跡無處不在，加上陳仁子對此書用力不勤，多抄自他書，體例不善，使得此書價值不高，雖有補《文選》之名，實則悖逆《文選》。陳仁子書對開明代廣續之風有一定作用。經過元中期幾十年的沉寂，到元末劉履的《風雅翼》橫空出世。劉履此書在評點、注釋、續、補諸多方便都有探索，其最大的特徵是效仿朱熹注詩騷的方式注《文選》，此特徵隨著時代風氣的轉變從特色逐漸被目爲缺陷。

　　元代文選學在注釋上比之唐代的成就是遠遠不如的，在刊刻上又不如宋代的成就，再比之明清的繁榮，元代的文選學是寂寥的。但元代文選學作爲文選學史上的有機組成部分，也自有其特色。注釋上章句體式的串講文意，以《詩集傳》的體例注釋《文選》都頗有特點。刊刻上，茶陵本、張伯顏本對於元明清的《文選》傳播有過不可磨滅的功勞。另外元代文選學還開《文選》評點一派，興《文選》廣續之風。元代文選學濃烈的理學特徵也是其區別於其他時代文選學的重要特徵。元代文選學雖然總體而言成就不大，然而其在選學史中上承唐宋、下啓明清之功不可替代。從這個角度講，元代文選學承前啓後。

參考文獻

一、基礎文獻

（一）文選

1. 〔梁〕蕭統編、〔唐〕李善、五臣注，文選（存四十卷）〔M〕，宋贛州州
   學刻宋元遞修本。

2. 〔梁〕蕭統編、〔唐〕李善、五臣注，文選〔M〕，宋建州刻本，《四部叢
   刊》影印本。

3. 〔梁〕蕭統編、〔唐〕李善注，文選〔M〕，南宋淳熙八年尤袤刻本，北
   京：中華書局影印，1974。

4. 〔梁〕蕭統編、〔唐〕李善注，文選〔M〕，清嘉慶十年胡克家刻本，北
   京：中華書局影印，1977。

5. 〔梁〕蕭統編、〔唐〕五臣、李善注，文選〔M〕，南宋紹興二十八年明
   州刻本日本足利學校藏，北京：人民文學出版社影印，2010。

（二）方回相關著述

1. 〔元〕方回，文選顏鮑謝詩評四卷〔M〕，文淵閣四庫全書本，上海：上
   海古籍出版社影印，2003。

2. 〔元〕方回，文選顏鮑謝詩評四卷〔M〕，清翰林院抄四庫底本，北京
   師範大學圖書館藏，索書號：（善本）830/514-626.4。

3. 〔元〕方回，文選顏鮑謝詩評四卷〔M〕，清翰林院抄四庫底本，北京
   大學圖書館藏，索書號：LSB/3281。

4. 〔元〕方回，文選顏鮑謝詩評四卷〔M〕，清末周貞亮鈔本，武漢大學
   圖書館藏，索書號：D/0017。

5. 〔元〕方回，文選顏鮑謝詩評三卷〔M〕，孔氏嶽雪樓影鈔本，北京大
   學圖書館藏，索書號：SB/811.13304/0060。

6. 〔元〕方回，虛谷評五謝詩一卷〔M〕，舊鈔本， 國圖藏，索書號：（善本）05420。

（三）陳仁子相關著述。

1. 〔元〕陳仁子，文選補遺四十卷十冊〔M〕，明鈔本， 國圖藏，索書號：（善本）12971。

2. 〔元〕陳仁子，文選補遺四十卷二十冊〔M〕，明刻本， 國圖藏，索書號：（善本）T3309。

3. 〔元〕陳仁子，文選補遺四十卷十二冊〔M〕，清乾隆二年（1737）陳文煜刻本，國圖藏，索書號：79257。

4. 〔元〕陳仁子，文選補遺四十卷〔M〕， 文淵閣四庫全書本，上海：上海古籍出版社影印，2003。

（四）劉履相關著述。

1. 〔元〕劉履，選詩補註八卷、續編四卷、補遺二卷〔M〕，顧存仁養吾堂嘉靖三十一年刻本，國圖藏，索書號：（善本）17295。

2. 〔元〕劉履編，風雅翼十四卷（選詩補註八卷、選詩補遺二卷、選詩續編四卷）〔M〕，文淵閣四庫全書本，上海：上海古籍出版社影印，2003。

二、其它古籍文獻

（一）史部文獻

1. 〔明〕宋濂，元史〔M〕，北京：中華書局，1976。

2. 〔元〕脫脫，宋史〔M〕，北京：中華書局，1977。

3. 〔清〕張廷玉，明史〔M〕，北京：中華書局，1984。

4. 〔清〕柯劭忞，新元史〔M〕，北京：中國書店，1988。

5. 陳高華整理，元典章〔M〕，天津：天津古籍出版社，2011。

（二）集部文獻

1. 〔元〕方回，方虛谷桐江集四卷〔M〕，明刻本，國圖藏，索書號：（善本）09075。

2. 〔元〕方回，虛谷桐江續集〔M〕，明刻本，國圖藏，索書號：（善本）09076。

3. 〔元〕方回選評、李慶甲校點，瀛奎律髓匯評〔M〕，上海古籍出版社，2005。

4. 唐圭璋，全金元詞〔M〕，北京：中華書局，1979。

5. 〔清〕顧嗣立編，元詩選（初集、二集、三集）〔M〕，北京：中華書局，1987。

6. 〔清〕顧嗣立編，元詩選癸集〔M〕，北京：中華書局，2001。

7. 〔清〕錢熙彥編，元詩選補遺〔M〕，北京：中華書局，2002。

8. 李修生主編，全元文（全六十冊）〔M〕，南京：鳳凰出版社，2004。

三、近人研究論著

（一）近人專著

1. 駱鴻凱，文選學〔M〕，北京：中華書局，1989。

2. 屈守元，文選導讀〔M〕，成都：巴蜀書社，1993。

3. 毛飛明，方回年譜與詩選〔M〕，杭州：杭州大學出版社，1993。

4. 穆克宏，魏晉南北朝文學史料述略〔M〕，北京：中華書局，1997。

5. 胡大雷，文選詩研究〔M〕，桂林：廣西師範大學出版社，2000。

6. 韓儒林，穹廬集〔M〕，石家莊：河北教育出版社，2000。

7. 傅剛，《昭明文選》研究〔M〕，北京：中國社會科學出版社，2000。

8. 傅剛，文選版本研究〔M〕，北京：北京大學出版社，2000。

9. （日）岡村繁著、陸曉光譯，文選之研究／岡村繁全集第二卷〔M〕，上海：上海古籍出版社，2002。

10. 楊鐮，元詩史，北京：人民文學出版社〔M〕，2003。

11. 周良霄、顧菊英，元史／中國斷代史系列〔M〕，上海：上海人民出版社，2003。

12. 范志新，文選版本論稿〔M〕，南昌：江西人民出版社，2003。

13. 汪習波，隋唐文選學研究〔M〕，上海：上海古籍出版社，2003。

14. 王立群，現代文選學史〔M〕，中國社會科學出版社，2003。

15. 范志新，文選版本擷英〔M〕，貴陽：貴州人民出版社，2004。

16. 陳高華，元史研究新論〔M〕，上海社會科學院出版社，2005。

17. 蕭啓慶，內北國而外中國：蒙元史研究（全二冊）〔M〕，北京：中華書局，2007。

18. 張哲願，方回《瀛奎律髓》及其評點研究/古典文獻研究輯刊（第六編）〔M〕，台北：花木蘭出版社，2008。

19. 陳高華、張帆、劉曉，元代文化史〔M〕，廣州：廣東教育出版社，2009。

20. 黃韻靜，宋代《文選》類總集序類、題跋類研究〔M〕，高雄：高雄復文圖書出版社，2009。

21. 郭寶軍，宋代文選學研究〔M〕，北京：中國社會科學院出版社，2010。

22. 陳高華，元朝史事新證〔M〕，蘭州：蘭州大學出版社，2010。

（二）學位論文

1. 王書才，明清文選學述評〔D〕，中國社會科學院 2003 年博士學位論文。

2. 馮淑靜，文選詮釋研究〔D〕，山東大學 2006 年博士學位論文。

3. 雲國霞，元代詩學研究〔D〕，四川大學 2007 年博士學位論文。

4. 章慧麗，元代詩學初探——以《全元文》中詩學論文爲中心〔D〕，安徽師範大學 2007 年碩士學位論文。

5. 趙俊玲，昭明文選評點研究〔D〕，復旦大學 2008 年博士學位論文。

6. 孫凱昕，方回研究〔D〕，復旦大學 2010 年博士學位論文。

（三）論文集

1. 香港中文大學中國語言文學系主編，魏晉南北朝文學論集〔C〕，台北：文史哲出版社，1994。

2. 中國文選學研究會、鄭州大學古籍整理研究所編，文學選新論〔C〕，鄭州：中州古籍出版社，1997。

3. 中國文選學研究會、河南科技學院中文系編，中國文選學〔C〕，北京：學苑出版社，2007。

4. 俞紹初、許逸民編，中外學者文選學論集（全二冊）〔C〕，北京：中華書局，1998。

（四）期刊論文

1. （日）森孝太郎，《文選心訣》について〔J〕，東洋文化復刊 11（無窮會），1965。

2. 江慶柏，清代的文選學〔J〕，華南師範大學學報，1987 第 3 期，頁 107 ～111。

3. （日）神鷹德治，茶陵陳仁子刊《增補六臣注文選》の宋版本について，けんぶん〔J〕，1987.6。

4. 詹杭倫，文選顏鮑謝詩評發微〔J〕，樂山師專學報（社科版），1989 年第 3 期，頁 41～47。

5. 宋緒連，從李善的《文選》注到駱鴻凱《文選學》——《昭明文選》研究管窺〔J〕，遼寧大學學報，1989 年第 1 期，頁 70～73。

6. 王書才，《文選》評點第一書——方回《顏鮑謝詩評》略論〔J〕，語文知識，2002 年第 2 期，頁 4～6。

7. 馮淑靜，《文選》詮釋史上的一部立異之作——劉履《選詩補註》探論〔J〕，理論學刊，2006 年第 1 期，頁 121～122。

8. 許逸民，論隋唐「《文選》學」興起之原因\中國文選學〔A〕，北京：學苑出版社，2007 年版，頁 47～55。

9. 張富春，宋本《三謝詩》文選學價值考論〔J〕，中州學刊，2007 年第 2 期，頁 201～203。

10. 任競澤，論宋代文學學衰落之原因〔J〕，中國文化研究，2007 年夏之卷，頁 79～92。

11. 付瓊，《文選版刻年表》補正〔J〕，蘭州學刊，2008 年第 10 期，頁 183～186。

12. 張劍，劉履著述考〔J〕，紹興文理學院學報，2009 年第 5 期，頁 77～82。

13. 芳村弘道著、金程宇譯：關於孤本朝鮮活字版《選詩演義》，古典文獻研究（第十二輯），2009 年，鳳凰出版社，頁 220～240（原載《學林》第 47、47 號，悼念白川靜先生特刊論集，2008）。

14. 郝幸仔，明代《文選》廣續本與《文選》原典的互動〔J〕，徐州師範大學學報（哲學社會科學版），2010 年 11 月，頁 28～33。

15. 郭寶軍，宋代文選學述略〔J〕，文學史話，2011 年第 1 期，頁 55～60。

16. 孫振玉，顧存仁養吾堂刻《風雅翼》敘錄〔J〕，圖書情報研究，2011 年第 3 期，頁 59～62。

17. 芳村弘道著、金程宇譯：南宋選學書《選詩演義》考，域外漢籍研究輯刊（第七輯），北京：中華書局，2011。

（五）書目及其他工具書

1. （清）紀昀等，四庫全書總目（全兩冊）〔M〕，北京：中華書局，1983。

2. 王重民，中國善本書提要〔M〕，上海：上海古籍出版社，1983。

3. 傅增湘，藏園群書經眼錄〔M〕，北京：中華書局，1983。

4. 上海圖書館編，中國叢書綜錄〔M〕，上海：上海古籍出版社，1986。

5. 北京圖書館編，北京圖書館古籍善本書目〔M〕，北京：書目文獻出版社，1989。

6. 中國古籍善本書目〔M〕，上海：上海古籍出版社，1996。

7. （日）斯波六郎編、李慶譯，文選索引〔M〕，上海：上海古籍出版社，1997。

8. 俞紹初、許逸民編，中外學者文選學論著索引〔M〕，北京：中華書局，1998。

9. 查洪德、李軍，元代文學文獻學〔M〕，北京：中國社會科學出版社，2002。

10. 查洪德，中國古代詩文名著提要——金元卷〔M〕，石家莊：河北教育出版社，2009。

附　錄

附錄一、《虛谷評五謝詩》獨有文字

遊赤石進帆海一首 〔註1〕

虛谷曰：此以下詩五首皆在會稽始甯遊山而作。景平元年秋冬，靈運稱疾，去永嘉郡。父祖葬始甯縣，有故宅及墅。遂移藉會稽，修營舊業，傍山帶江，盡幽居之美。與隱士王弘之、孔淳之等放蕩爲娛，有終焉之志。每有詩至都下，貴賤莫不競寫。又作《山居賦》，自注以言其事。元嘉三年，徵爲秘書監，賞遇甚厚。五年十一月，靈運自以名輩才能應參時政，上惟接以文藝，每侍宴談賞而已。靈運多稱疾不朝，直出郭遊行且二百里，經旬不歸。既無表聞，又不請急。上不欲傷其意，諷令自解，乃上表陳疾，賜假令還會稽，遊飲自若。坐糾免官，既而鑿山浚湖，工役無已。山澤之遊，窮幽極險，門生從者數百人。自始甯南山伐木開徑，直至臨海。臨海太守王琇及百姓驚駭，謂爲山賊。會稽太守孟顗有隙，表靈運有異志，發兵自防。靈運詣闕自陳，上以爲臨川內史，然則遊山可也，踰月矩度太甚，則不可。山賊之疑、異志之奏，實自伐山淂之。此亦五詩，則亦禍之門歟？

廬陵王墓下作一首

虛谷曰：《文選注》：徐羨之殺廬陵也，有讒靈運欲立廬陵，後知其無罪，追還。文帝問曰：「自南行來，何所著作？」對曰：「《過廬陵墓下作一首》。」予謂：史稱廬陵有言，欲用顏謝爲相，予尙未信，況謂誣靈運欲立廬陵乎？徐傅受宋武之託，葬土未乾，賊其嗣君愛子以淂權也。靈運延之入朝，過墓

〔註 1〕按：順序據《五謝詩》原文，有作者名的詩篇其下文字爲作者小傳。

賦詩，必文帝已先知之，故問而不敢不以實對也。要之相已立彼之謗，久播衆耳，雖復過墓，自當忘言。

還舊園作見顏范二中書一首

盧谷曰：此元嘉五年爲秘書監，文帝諷之，謝病與假，臨當還家，作此詩，見顏延之、范泰，似是相別之詩，又似預爲誓言，今還舊園，不更廣爲穿築之事也。

永初三年七月十六日之郡初發都一首

盧谷曰：宋高祖武帝永初三年五月崩，少帝義符即位，徐羨之等出永嘉太守，猶未改元，故云永初。

初發石首城一首

盧谷曰：石首城，建康石頭城也。六朝時，城臨京師，重鎮倉庾，器甲府寺所在，而臺城爲朝廷，及東府、西州皆有城。民居廣袤，無城而種棘以爲籬門。今清涼寺即古石頭城。江水遠涉北向，其下桑麻數十里，穹厓巨石，尚有蒿跡，而不足以爲險矣。此詩爲臨川內史時作也。靈運以伐山開徑，直抵臨海，會稽太守孟顗表謂有異志，文帝知其見誣，不罪也。不欲使東歸，以爲臨川內史。靈運遊放自若，廢棄郡事，爲有司所糾。靈運興兵逃逸，作詩曰：「韓亡子房奮，秦帝魯連恥。」追討擒之。上愛其才，降死流廣州。或告其買兵器結健兒，詔於廣州棄市。靈運恃才放逸，多所凌忽，故及於禍。《通鑒》並書此事於元嘉十年，俟考。

擬魏太子鄴中集詩八首〔註2〕

序、多詩不似建安，今不書。

謝惠連　泛湖歸出樓中玩月一首

盧谷曰：謝方明者，謝裕景仁之從祖弟，有子惠連，史不注表字。族兄靈運與惠連及東海何長瑜、潁川荀雍及太山羊璿，以文章賞會，謂之四友。惠連幼有奇才，不爲方明所知。靈運去永嘉始甯時，方明爲會稽，靈運造方明，遇惠連，大相稱賞。靈運性無所推，惟重惠連，與爲刎頸交。爲司徒彭

〔註 2〕此處《五謝詩》不錄序及八首詩原文。

城王法曹爲《雪賦》，以高麗見奇，年二十七卒。

謝朓　新亭渚別范零陵詩一首

虛谷曰：謝朓字玄暉，靈運、惠連皆從兄也。祖允，安之從子，玄之從弟，伯父裕，所謂謝景仁也，父純。按：玄爲朓之從伯祖，而命字乃曰玄暉，不避玄名，何也？朓從月從兆，土了切，行疾出西方也，故字曰玄暉，在上聲二十九篠，從耳從兆，他吊切，訓視，在去聲三十四嘯，世人多誤用之。朓爲齊隨王子隆鎮西功曹轉文學，改新安王中軍記室兼尙書殿中郎。《文選注》朓解褐豫章王行軍〔註3〕，稍遷至尙書吏部郎兼知衛尉事。江祐等謀立始安王遙光，朓不肯，坐收下獄死。新亭，即王導止諸人泣處。范雲，字彥龍，齊時爲零陵內史。

在郡臥病呈沈尙書一首

虛谷曰：沈約，齊明帝鸞即位，徵爲五兵尙書，朓是時正爲宣城郡。初，齊武帝賾永明二年，竟陵王子良爲護軍司徒，鎮西府，參軍八人范雲、蕭琛、任昉、王融、謝朓、沈約、陸倕，號爲八友。約嘗謂，朓所作，二百年無此詩者，則契分可知也。

暫使下都夜發新林至京邑贈西府同僚一首

虛谷曰：朓爲齊隨王子隆鎮西功曹遷文學，子隆在荊州，好辭賦，朓尤被賞愛。長史王秀之以朓年少相動，密以啓聞世祖，勅朓可還都，道中爲此詩寄西府，遂除西安王記室。今《南史》與蕭子顯《齊書》微有不同，詩則一也。

始出尙書省一首

虛谷曰：齊爵林王昭業永明十一年七月即位，明年改元隆昌。七月，西昌侯鸞弒昭業，立其弟海陵王昭文，改元延興。鸞爲驃騎大將軍，錄尙書事。十月加宣城公，又進爵爲王，尋篡大統，改元建武，一歲而三改元。鸞之輔政也，以朓爲諮議領記室。此詩其作，爵林已弒、海陵未廢之間乎？朓自兼尙書殿中郎，出爲鸞屬，故詩題曰《始出尙書省》。明年，沈約自東陽太守，入爲五兵尙書。朓已在宣城爲太守，有詩與約，不詳補外在何時也。

〔註3〕行：原書此後一空格。

和王著作八公山詩一首

盧谷曰：漢淮南王瞻養士數千人，中有高才八人，蘇非、李上、左吳、陳由、伍被、雷被、毛被、晉昌為八公。元狩元年，安坐伍被詣吏告與謀反，自剄，國除為九江郡。抱朴子葛洪為《神仙傳》，謂安不死，公八與安白日升天。所謂八公者，無姓名，繆為恠說。雷被、伍被在吳皆不在八公之數，且謂伍被以奸私得罪於安，誣告安反。豈乃《漢書》不可信而洪之妄乃可信乎？今玄暉詩不賦淮南八公，乃但賦苻堅敗績事。晉孝武太元八年，謝石、謝玄等大破苻堅於淝水，初登壽陽城，望八公山上草木，皆以為晉兵，亦無高論。

謝瞻　九日從公戲馬臺集送孔令詩一首

盧谷曰：詩辭已詳見靈運詩注。謝瞻字宣遠，弟晦，字宣明，晉太常袞之玄孫，與族弟靈運、惠連從叔父混，俱有盛名。常作《喜霽詩》，靈運寫之，混詠之，王弘在座，以為三絕。瞻為宋黃門郎，以弟晦權貴，求為豫章太守，卒。唐子西謂：《文選》宣遠、叔源有詩不工，然《送孔令詩》無疵。今並二人詩，附評三謝之後。

王撫軍庾西陽集別時為豫章太守庾被徵還東一首

盧谷曰：王撫軍者，王弘也。庾西陽者，庾登之也。弘□撫軍將軍，江州刺史，督豫州之西陽新蔡諸軍事。登之為西陽太守，入為太子庶子。而瞻子豫章太守，至江州將還郡。弘送二人，至湓口南樓，瞻作是詩。近世人以南樓當在武昌，不在江州之潯陽。今考《謝瞻集》詩敘於湓口南樓作，即之湓口者，晉之潯陽郡也，江州所治也。湓口，其水地名也。南樓，其樓名也。晉宋間有此南樓在江州潯陽郡湓口，不可誣也。

謝混　遊西池一首

盧谷曰：謝琨字淑源〔註4〕，太傅安之孫，琰之子也，風華□江左第一。而族子晦博瞻多通，鬢髮如墨，宋武帝以為頓有兩玉人者。琨為尚書左僕射，晉義熙年劉毅之難，劉裕以詔罪狀，收琨賜死。晦從征伐，亦以廢立，為宋文武所誅。衰亂之世，以區區外物淚亂心志〔註5〕，而殺其身者不少。詩者，

〔註4〕琨：當作「混」，下同。
〔註5〕淚：當作「汩」。

文章之一端，苟至於佳絕也，不以其人不善終而不傳。如陶淵明令德善終，克有高節，則又傳而至於永不可朽，讀之莫不敬焉。然則文之不可以已也如是夫。

附錄二、序跋

文選顏鮑謝詩評四卷

四庫全書之文選顏鮑謝詩評書前提要

臣等謹案《文選顏鮑謝詩評》四卷，元方回撰。回有《續古今考》，已著錄。

是編取《文選》所錄顏延之、鮑照、謝靈運、謝瞻、謝惠連、謝朓之詩，各爲論次。諸家書目皆不著錄，惟《永樂大典》載之。考集中顏延之《三月三日侍遊曲阿後湖作》一首評曰：本不書此詩，書之以見夫彫繢滿眼之詩，未可以望謝靈運也。又《北使洛》一首，評曰：所以書此詩者有二。又謝靈運《擬鄴中集》八首評曰：規行矩步，礱砌粧點而成，無可圈點，故余評其詩而不書其全篇。案：此本八首皆書全篇，與此評不合，蓋不載本詩，則所評無可繫屬，故後人又爲補錄也。則此集蓋回手書之冊，後人得其墨迹，錄之成帙也。

回所撰《瀛奎律髓》持論頗偏，此集所評如謝靈運詩，多取其能作理語，又好標一字爲句眼，仍不出宋人窠臼，然其他則多中理解。又如謝靈運《述祖德詩》第二首，評曰：《文選》註「高揖七州外」，謂舜分天下爲十二州，時晉有七州，故云七州，余謂不然。此指謝玄所解徐、兗、青、司、冀、幽、并七州都督耳。謂晉有七州而揖其外，則不復居晉土耶。謝瞻《張子房詩》評曰：東坡詆五臣誤註三殤，其實乃是李善。顏延之《秋胡詩》評曰：秋胡之仕於陳，止是魯之鄰國，而云王畿，恐是延之一時寓言，雖以秋胡子爲題，

亦泛言仕宦。善註乃引韓曰：陳王者所起也。此意似頗未通。亦間有所考訂。至於評謝靈運《九日戲馬臺送孔令詩》謂：「鳴葭」當作「鳴笳」，則未考《晉書・夏統傳》。評鮑照《行藥至城東橋詩》謂：行藥爲「乘興還來看藥欄」之意，則悞引杜詩。評謝朓《郡內高齋閒坐答呂法曹詩》謂：或以爲岫本訓穴，以爲遠山亦無害，則附會陶潛《歸去來詞》。小小舛漏，亦所不免，要不害其大體。統觀全集，究較《瀛奎律髓》爲勝。殆作於晚年，所見又進歟？

　　乾隆四十六年七月恭校上。

（見文淵閣《四庫全書》之《文選顏鮑謝詩評》書前提要）

孔繼涵跋文選顏鮑謝詩評

　　乾隆癸卯春三月初七日，司及蒼名鴻澤自都中來，寄到周林汲兄所鈔本，即攜至黃犢蔽坐檻上觀之，時桃花正放，誧孟記。

（見《文選顏鮑謝詩評》，哈佛燕京圖書館藏乾隆癸卯前周永年鈔本）

趙英華跋文選顏鮑謝詩評

　　光緒辛丑三月，張幼樵同年所得微波榭校本，命予傳錄，復取《文選》參證之，然仍不免有訛字也。封潤趙英華識於金陵張氏之管齋，時四月初三日，陰雨競日，燈下題此。

（見《文選顏鮑謝詩評》，哈佛燕京圖書館藏乾隆癸卯前周永年鈔本）

文選補遺四十卷

陳仁子文選補遺序

　　老莊荀列之書行，斯文之波瀾在山林草野。嗟夫！化成天下之具，不出於上而盛於下，其時竟何如也耶。孔子生姬周之末，以身扶衛斯文，首刪《詩》定《書》，次繫《易》，次作《春秋》，貫穿古今文字，斷以己見。研覈去取，其關涉大，其該貫蜜。故書作而詔令奏對之體寓，詩作而歌謠賦頌之體備。丘明《左傳》而《國語》之書出，而辭命、書檄、問對、策論之體，又各成一家。

　　昭明去姬孔子餘載，不探刪訂大意，選漢魏六伐之文爲三十卷〔註1〕，漁

─────────────

〔註1〕伐：疑爲「代」之誤。

獵浮華，刊落理致。凡經濟之略，訏謨之畫，有關於世教者，率多漏黜。斯文行世，致使人以雕蟲篆刻擬童子，風雲月露比浮薄，甚或嗤爲小技宜也。

余承父叔指教，日夕衡心編粹昭明所遺者，各爲門目。先詔令，以觀朝廷之文；次奏疏、書策、問對，以觀縉紳之文；終以議論、詩賦、銘頌，以觀山林草野之文。若先儒論議當時行事得失，註於下方，而附以己見，積久成編，得四十卷。非敢曰選色石補天、獺髓補痕，殆將補昭明漏逸，如李肇《國史補》者，命曰《文選補》。

以稿本畀吾甥譚紹烈，未欲■知於人。甥乃取而刊之。嗚呼！高文景武之詔多佳，一時文墨寄於君；賈馬班楊之作多奇，一時文墨寄於士。君子後世豈無傳孔聖心印？取漢魏以來文字載前《文選》及今所補，博加去取，定爲一書。若六經行事，爲萬代帝王矩範，則是編或觀覽之一助。文豈小技云哉！

大德壬寅秋夕茶陵古迁陳仁子同補識〔註2〕。

（見《文選補遺》卷首，國圖藏明鈔本，索書號：12971）

譚紹烈文選補遺序

言文於六經後，其難乎。六經經聖人手，且刪且定且繫而作，扶性命道德之微，懸是非邪正之的，隲栝皇王帝霸之奇秘，宏模巨範，杲杲如日行世。後有作者，雖有奇傑，孰敢出其右。吾嘗怪河汾丈人起三代下，慨然以斯文自任，不以文求文，而以經求文。續《書》、續《詩》、續《春秋》，頗取秦漢以下文章，蒐獵成書，而世未有傳本者。千百世而下，晚輩學子懵焉，去取於齊梁無怪也。嗟夫！時無聖人，騷曰騷經，玄曰玄經。一時著作非但人未敢許之，吾意其心亦未敢自許也。而刪後果遂無詩乎哉？昭明以文求文，趣凡見陋，故去取多不諧於世。河汾丈人以經求文，故書雖未見去取何如，而志趣頗高，未必盡如昭明求諸言語文字間。

嚮侍舅古迁翁，論及秦漢以來文詞，每竊慨而悲之。間以家學所講明，私淑不肖，取三代下暨梁世凡文字幸存於世、有補世教民彝者，萃爲一編，又取前輩緒論及所見附篇端。首詔令，次奏疏，又次論策、問答，終以騷賦詩碑銘文，得四十卷，曰《文選補》。大概後浮靡而先典實，略葩藻而資經綸，始朝廷縉紳而次山林草野。綱正目舉，言文於三代而後，或庶幾焉。是編也，

〔註2〕補：當爲「備」之誤，下同，不再出校。

非刪定之文也,而志亦王氏續經者也。因不敢私類纂而刊之,別立凡例以招翁去取意。

迂舅間責余輕且躐,余曰,是皆童習,白紛世不可一日無是文也,於舅奚病。矧兩漢之溫醇、陶之雅正,若經聖人刪定,亦未必不引而進之魯秦之勢、十五國風之列也。昭明有知,庶乎可以自慰。

大德己亥日長至甥雲陽譚紹烈心立頓首書。

(見《文選補遺》卷首,國圖藏明鈔本,索書號:12971)

成羅平翁文選補序

《文選補》者,古雲陳同補昭明太子所遺也〔註3〕。昭明而後,不遇焉。有群議之者,甲曰:惜哉,書府之一奇也。乙曰:僭。甲曰:五色煉石,天所不忌,非僭也。乙曰:非僭即贅。甲曰:是其爲書,猶李肇之於《國史》,憫其闕文,不能已已,而何贅也?乙曰:非僭非贅,其不猶東廣微之於《南侯》《白華》〔註4〕,修其辭、失其譜,終不足與入大方之家乎。甲曰:廣微之文出諸己,同備之文猶之昭明取諸人,廣微非所擬也。乙曰:雖然,未也。同備撼前說,議昭明無毫髮貸,夫亦烏知後之無斥鷃乎?甲笑而不言,退而告之同備。同備,余之舊友也,轉而告之余。

余謂同備曰:古今天下惟有《論語》一部,萬世無容議。孟氏而下,率不理於口。六經經聖人之手,經世之大法存焉。而《書》之流血漂杵,《詩》之民靡孑遺,《禮》之爲陰謀爲雜記,子曰之於《易繫》,孔子卒之於《春秋》,皆資識者之辭說,而遂定昭明之可議固可量也。子之所補,其視昭明何如耶?

同備曰:愚之妄議及此,亦惟賈山《至言》、劉向《封事》、《出師後表》,今古不朽,而《選》皆不錄,意其遺珠尙多也。遂田梁而尙〔註5〕,尙之而秦漢,凡厥藝文,搜閱浸富,不忍棄之,而私名之曰《文選補》。厥亦沉吟歷歲,揆諸心決諸理,知其眞足以備修齊治平也,乃弗果棄。其亦庶乎其無可議也。然且未也。以吾之見,參先賢之見,殆如晉鄙之符,雷煥之劍,桓圭、躬圭、信圭、穀璧、蒲璧之於瑁,其亦庶乎無可議也,其亦庶乎非僭非贅,而僭亦可原也。而或者乃欲鋟之以行世焉,茲因愚之所不敢也。

〔註3〕補:疑前奪「備」字。
〔註4〕東:當爲「束」。侯:當爲「陔」。
〔註5〕田:疑當作「由」。

余曰：心理之會，先儒之說，理之律令，格二子之於理，是索是考如是，議不議不必計也。春江濁，浪之乃自清，何也？清其體也。付之棗本，以俟知者。

大德五年中元日吉安成羅平翁序。

（見《文選補遺》卷首，國圖藏明鈔本，索書號：12971）

趙文陳氏文選補序

子在陳曰：歸與歸與，吾黨之小子狂簡，斐然成章，不知所以裁之。所謂成章者，庸知其非著書立言之謂。蓋歸而刪《詩》、定《書》、贊《易》、作《春秋》、正《禮》《樂》，以垂世立教，所以裁之者，在此矣。聖師既沒，諸子百家騖於立言，或著書，或爲文。使有聖喆，出而裁之，取其合者，去其離者，以清天下之耳目，而能言者，亦得以自見，豈非後學之深幸。惟無人以任斯責，而後言語文字爛漫四出於天下，涉戰國秦漢晉魏六朝。其傳不傳，何可勝道。

蕭統索古今文士之作，築臺而選三十卷，雖其去取不免失當，然收拾於散亡，微統之力不及此。作者之得傳，後人之得有所見，詎可謂統盡無功哉？有志斯文者，補之正可也，而承襲蘇氏之說，便相詆訾，亦不恕哉。

吾友陳同俌，少講學家庭，閱《文選》，即以網漏吞舟爲恨。以爲存《封禪書》，何如存《天人三策》；存《劇秦美新》，何如存更生《封事》；存《魏公九錫文》，何如存蕃、固諸賢論列；《出師表》不當刪去後表，《九歌》不當止存《少司命》、《山鬼》；《九章》不當止存《涉江》；漢詔令載武帝不載高文；史論贊取班范不取司馬遷；淵明詩家冠冕，十不存一二。

又以爲：詔令，人主播告之典章；奏疏，人臣經濟之方略，不當以詩賦先奏疏，矧詔令。是君臣失位，質文先後失宜，遂作《文選補》。亦起先秦，迄梁間，以先儒之說及其所以去取之意，附於下方，凡四十卷。此書傳非特蕭統忠臣，而三代以後君臣出治之典章、輔治之方略，皆可考見。其爲世教民彝之助，不細文云乎哉。

而同俌猶未欲出其書，疑所藏未備，選未盡也。余曰：舉爾所知而已矣，何必博之求哉？於是同俌慨然出是書，刻之不靳。同俌好學有志之士，既成是書，又將取蕭統以後迄於今，作《文選續》，以廣《文粹》《文鑒》之未備。書成，尚當以余文托君不朽。盧陵趙文撰。

（見《文選補遺》卷首，國圖藏明鈔本，索書號：12971）

譚紹烈文選補遺識

紹烈夙侍舅古迂翁，指示古今文法，頗亦知方，因探翁篋中，著述甚富。《牧萊脞語》三十卷，已刊墨本。今再取所編《文選續補》四十卷刊成，并前昭明所纂《文選》六十卷，共計一百卷行世。外有所輯《韻史》三百卷、《迂褚燕說》三十卷、《唐史卮言》三十卷，續用工刻梓，以求知好古君子云。

春仲甥零陵郡學錄譚紹烈謹識。

（見《文選補遺》末，復旦藏乾隆間陳文煜刻本，索書號：961038，又見國圖藏明鈔本，索書號：12971）

陳安兆重刻古迂公文選補遺序

《昭明文選》，翰墨指南，而不可爲世道之隄防，非立言者之過。選言者不能辨正是非，確然有當於天理人心之公，天下後世行無鑒、言無規，徒知林籟結響、泉石激韻、擒藻摽清者，未可以己初不知文有奧府，亦何取於選哉？

宋季古迂公■食東山，悼斯道之紲，秉經酌史，偉義深訓，其著述最富。兆觀所輯《文選補遺》，每登一篇，言者之善、言者之人之善否，時勢所致，理亂所由，醇駁所係，俱白黑分別，非特補鴻筆漏落與綴辭繩墨。蓋學問事功之輨轄也，以故歟所訂《文選》、《續文選》、《牧萊脞語》、《迂褚燕說》、《唐史卮言》、《韻史》諸書，三代而後，該總靡遺，刊布海內，兵燹灰之，不可謂非後人過也。

今族兄文煜博古，世珍此書原本，捐貲重刻，以傳一堂之內。弟文爐、文熾、姪書圖等樂贊成之。紹舊業、光前徽，較往者歲凶，先君與吾煜兄彼時竝以米飯活人，不遺長者。公世德，此尤可爲群行之宗。王符曰：道成於學而藏於書。茲刻也，將使天下後世修德政、警成敗、愼話言、立言準裁，不得之昭明者，必有驗乎此。衡懸於藝苑，鑄施於學圃，豈一家厚幸也歟。若公之晦迹含貞，典垂著述，徵諸譜牒，在太德八年〔註6〕，如金砂玉璞，惟讀者之所識取全書，雖俟蒐羅，大道終不泯滅。又可知吾兄重刻，甚有補於風教也。謹序。

〔註6〕太：當作「大」。

乾隆丁亥東山二房十二上舍公沨下安兆咸懷氏敬撰。

（見《文選補遺》卷首，復旦藏乾隆間陳文煜刻本，索書號：961038）

陳文煜重刻文選補遺凡例

一：此書四十卷，并所訂《文選》六十卷，計一百卷行世。人代滄桑，全書失帙。其正言微辭，凌以棟先生輯錄於《史記》、《漢書》中，信是天地間不可磨滅之書。俾照式剖劂，不敢改攛。

一：前明成化十四年七月內，何方伯諱喬新，廣昌人，景泰甲戌進士，後仕至刑部尚書。行牌到茶，訪求此書原本，欲爲勘對其所錄，鑴行於世，未見流傳，常有餘憾。今求博雅君子蒐獲全書，及《牧萊脞語》等部增益之，庶其大備云。

一：鄉賢祠，明初陳謙公、明季夢珠公，一循良，一節義，家之典，國之光。文學翹楚如古迁公未入鄉賢，何怪劉因不與許吳並得從祀。今書存壽梓，可令高明展卷，想見其人。

一：圈點批評，便於句讀，所以待末學，非所以俟來哲。古無其式，一仍厥舊。

一：補遺本旨，原序甚明。先示作文之體，次採先儒之議。次論其文之當否，間亦不以人廢，必中體要。合世所傳《文選》多種，讀之方知其準乎聖道。原本闕，未印證者仍之，可掇者補之，字字無疑異。

十五世孫文煜謹識。

（見《文選補遺》卷首，復旦藏乾隆間陳文煜刻本，索書號：961038）

附前明何方伯諱喬新原碑

湖廣等處承宣布政使司右布政何■爲訪求先哲遺書事，照得唐宋以來，陳譚二氏俱爲茶陵儒族。前元初，本縣宿儒陳仁子博學好古，著述甚富，所輯《文選補遺》四十卷、《續文選》若干卷，其甥譚紹烈刊版流傳。元末屢經兵火，以致散帙。士大夫家間有存者，當職錄得《文選補遺》一部。觀其去取精當，議論宏博，眞足以補昭明所未備，而有益於後學。欲爲刻板，但其間魯魚亥豕之訛，覽者病之。今照本縣知縣俞蓋，發身進士，崇尚儒雅，合仰訪求爲此牌，仰本縣著落當，該官吏即便轉行，本官照依牌內事理，用心詢訪。仁子、紹烈之子孫、現在名家士族，有無收藏前項二書。如有，子孫選其俊秀，送學讀書，務使無墜素業。若諸人家有前書，借原本鈔錄，對讀

無差，差人賫來，以憑較正。若是文獻湮沒，訪求不獲，亦要從實回報，毋得違錯不便，須至牌者。

成化十四年七月初三日行。

（見《文選補遺》卷首，復旦藏乾隆間陳文煜刻本，索書號：961038）

倪國璉茶陵束山陳氏重刊文選補遺序

歐陽子曰：六經之道，簡嚴易直而天人備。後六經為文者，承大聖之刪定，應識體裁矣。然擷菁英，亦生蕪莽；去麤穢，亦滋膠結。有好學窮理之儒，較是非、正得失。人品心術，繩之以經。所言者理，則毋另墮於煙霧；所言者悖，則直能剪其俶詭，豈非斯文之楷則哉？

余奉聖天子命，衡文湖南。本經義、道揚雅化。緣思瀟湘衡嶽，鍾靈已久。二酉之藏，艷稱於世。屈宋濂溪以外，寧少湛深經術、增光文苑者，以待蒐羅乎，而未之覯也。

茲茶陵弟子員陳安兆、陳鴻相、陳敘疇，持其家陳文煜重刊厥祖宋末陳仁子字同俌者《文選補遺》請序。余每念《昭明文選》掇拾於叢殘剝蝕之餘，集成巨觀，固已取用宏多。陶匏黼黻，學古者所以不廢，而經義未盡協，則以為入耳之娛、悅目之玩云爾。文不根性命，有裨彝常道歟？且六臣註釋，繁苪不便讀。訓詁紛糾，實無所取。

為稽前明神宗時，吳郡張鳳翼《文選纂註》頗佳，後附《文選續補》，載茶陳仁輯，本其收錄，鮮所發明。今閱此四十卷，原本君之教令、臣之謨謀，自天文地理至人身器用、小物妙理畢具。凡忠貞者、德業者、藻翰退逸者、褒譏勸戒者，皆言有其則。故篇首得聆議論，無不知昭明當日之疏，而同俌浚此之密，無不知訓詁纂註之粗，而理解剖析，如坐堂上辨堂下曲直之精。脫有《昭明文選》，缺此《補遺》一書，則自周迄梁間得半遺半，文有當於經義者不彰，天下之人終不識體裁、迷煙霧、矜俶詭、莫可救止，雖有《選》而何濟？

又稽郡志，先生號古迂，弗為祿仕，著述甚富，有隱君子之風。明數百年中，訪求雖有張君之刻，竟失其真，名亦脫誤。評《史記》、《漢書》者，亦空列其名，間採其說。先招遺書，湮沒於荒石冷草，誠可惜也。今幽潛，時至必發，從新壽梓，率乃祖攸行者可嘉。余尤厭服其去取之意，羽翼六經，不僅儗託昭明，於今右文之化，大有助也。爰樂為之序。

乾隆辛酉秋八月湖南督學使者錢塘倪國璉撰。

（見《文選補遺》卷首，復旦藏乾隆間陳文煜刻本，索書號：961038）

陳上慶重刻古迂翁文選補遺跋

炎宋仁子公號古迂，自幼講學家庭，元太德八年創東山書院〔註7〕，著述薈成數百卷，板藏書院，盛行域中。揚挖正學，厥功懋哉。元末兵燹，益以明初胡黨株連御史寧公之難，原板裁滅，書院亦廢，僅存此書四十卷。

傳慶先太祖諱夢珠，寶愛之。由萬曆甲午鄉薦，三任民牧。公事稍暇，未嘗釋手。歸里後丁張獻忠來寇，激烈罵賊，從容就義，名入鄉賢。家無全瓦，獨此書若有鬼神呵護，妖氛不侵。

傳之祖父。祖父諱士選，康熙己酉鄉薦。父廩庠，諱昌言，俱篤意古學。嘗思搜得所訂《文選》六十卷，共一百卷者梓行，終不可得。

今兄文煜重刊此四十卷，無論有濟於文章家，即古迂公嘉惠後學之功，百世不墜。先人手澤可存可久，慶不勝忻幸。聊識其後。

十五世孫上慶邦憲甫謹跋。

（見《文選補遺》末，復旦藏乾隆間陳文煜刻本，索書號：961038）

陳文煜文選補遺跋

煜不敏，讀祖父書輒竦然起敬焉。手澤猶存，紹衣致慕，不忘所由生也。我十世祖仁子公輯評《文選補遺》四十卷，序則廬陵趙文先生原其由，跋則宅相譚紹烈先生誌其刻。書院藏之珍媲球刀，然戎馬代劫，原板灰燼矣。猶幸碩果之遺一帙，未傷殘缺。嗚呼，知人論世尚友，不誠難哉？

公也几席丹鉛間，幾枯心血，將昭明所遺秦漢以下迄梁詔疏詩賦等篇，論斷而去取之。眼光識力所到，如親見其人與事與不可掩諱之心。是雖未敢提一史筆，謬擬褒譏於班馬范陽後，然士君子奮然為舉世難為之事，恬退著述，尚友千百年古人。世不知公，古人其知公乎？

煜為陳之子孫計，懼是書無傳；為天下之好古君子計，更欲永其傳。勉力捐貲，以是帙重新梨棗，公諸同人。我公未可作也，手澤存焉爾。若夫《脞語》、《燕說》、《韻史》及《唐史卮言》諸書，同厄於兵燹，原板回祿，隻字杳然。安得盡讀吾祖父書竦然敬而不忍忘其手澤耶？

〔註7〕太：當為「大」。

乾隆貳年丁巳仲秋十五世孫文煜如日甫敬跋。

（見《文選補遺》末，復旦藏乾隆間陳文煜刻本，索書號：961038）

聶燾序

余少讀史，好撮先正名論抄置卷端。漢唐以來，得陳氏仁子之說爲多。丙辰丁巳，天子開博學鴻辭科，徵辟至者，駢集京師。余時以進士自都門與其淹雅知名者遊，叩所以備顧問者，則篋笥錄貯半載仁子之說，實亦未考其爲何時何地人也。

乾隆癸亥，來講學茶陵書院，客有以陳氏重刊《文選補遺》見示者。展覽原序，乃知仁子即吾茶陵東山之同侪先生。而此書者，則因元革宋命，隱居不仕，杜門著述之一。

既自愧見聞短淺，於桑梓文獻尙昧考究。又以嘆先生後裔之良能收藏先世圖籍，廣刊行世，以昭祖德，以惠來學，其用意最深遠。後裔者，州中耆逸文煜暨兄文煥、文燦、弟文爐、文熾、文焜也。文煜席豐嗜古，刻此書成，越四年下世，文爐等先後繼之，余皆未識。文熾樂與賢豪者遊，遣子光堂來學。余嘗略舉此書之所由傳，與夫傳之所以得其宗者指示之。光堂遂偕文煜之子言來請畢其說，爲序之曰：

《補遺》之傳，因《文選》而傳。《文選》遺者，不當遺則補遺。補所必當補，昔人已論之矣。顧予之心折先生者，則不在《文選》之精當，而在持議之嚴核。蓋先生宋人，而此書之註多宗宋儒精粹之說列於前，因以己意闡權於後。就宋儒中，又折衷夫子爲多。觀其首卷，冠以詔誥，即引朱子云云，以正仲淹之疏。其他各篇，雖未盡然，而考厥名氏，多爲朱子師友淵源所漸。好尙如此，宗主如此，豈無致而然哉？

考先生之生在宋季，州志但列漕舉，學志紀爲進士，家譜亦云景炎丁丑進士，俱未詳其生年。案：景炎丁丑，宋端宗之次年，越四年宋亡。前乎端爲恭宗，未二年北狩，又前爲度宗，僅七年。則先生之生，必在理宗之朝，去朱子卒時，不過二三十年。理宗崇奉朱子，而眞魏大儒又遞相俎豆，大爲表章。其時朱子之書已昌明於世，意先生必信之深、好之篤，反覆沉潛，匪伊朝夕。義理既充於中，而不欲用於世，借是書焉以發之。自秦漢迄齊梁，上下數百年間，理亂興亡、邪正得失、準理規義，如持權衡，以較輕重，無絲毫爽者。嗚呼偉矣！而昧者尙瑣瑣然，以《文選》求之，至目爲蕭氏功臣，

是且降先生於昭明之下，眇註義於五臣之班，固先生所夷然不屑受者。

不然，以先生之抱負非常，當元世祖信用，儒術之日出，而紆青曳紫豈不居。然號識時務之俊傑哉，而閟迹林泉，提衡古今，澹然沛然若是。無論他人，即亦豈同時許魯齋、吳草廬之所能及哉？昔朱子當高孝光寧之世，念念欲爲國家復仇，每好讀《出師表》。及不見大用，懷歸念切，好讀《歸去來辭》。今先生於《出師》補入《後表》，於淵明詩增選多篇，此皆非蕭氏主臣所知，而別有所宗。曷宗乎，非朱子而誰乎？

然則自此書而外，《文選訂》、《文選續》、《牧萊胜語》、《迂褚燕說》、《唐史厄言》、《韻史》諸篇，世雖罕傳，其大指可臆斷矣。

抑余更有論者，先生既宗主朱子，而註中所引，或稱氏，或稱名，曾不若當時金人猶知稱朱先生者，何也？蓋其時去朱子未遠，先生意在極力表章，恐退陬僻壤小生豎儒拘於僞學之禁，尚有不能耳飲芳名者，故大書特書、不一書，以提其耳而灌之。猶之聖門弟子曰自孔氏爲孔某云爾。今則婦人孺子皆知有朱夫子矣，且非獨此也。我皇上聖明天縱，作君作師，每諭廷臣，謂萬幾之餘，未嘗廢《朱子全書》。煌煌天語，稱謂之間如師弟然，非示沖懷、昭道統也？然則草野著述尙於朱子稱氏稱名，可乎？故遵原板者可仍其舊，再重刻者宜改稱子。此雖面質之先生，亦必深許以爲然者。

因序並及之，用以備端人孝子之采擇焉，且以明余少時即知景尙先生者，所由與應博學鴻辭者異。

衡山聶燾閑有撰。

（見《文選補遺》首，上圖藏清道光二十五年琅嬛刻本，索書號：線普長294932-43）

文淵閣四庫全書之文選補遺書前提要

臣等謹案《文選補遺》四十卷，宋陳仁子撰。仁子有《牧萊胜語》，已著錄。

是書前有廬陵趙文序，述仁子之言，謂《文選》存《封禪書》，何如存《天人三策》；存《劇秦美新》，何如存更生《封事》；存《魏公九錫文》，何如存蕃固諸賢列傳？《出師表》不當刪去後表，《九歌》不當止存《少司命》、《山鬼》，《九章》不當止存《涉江》。漢詔令取武帝不取高文，史論贊取班范不取司馬遷。淵明詩家冠冕，十不存一二。又不當以詩賦先詔令奏疏，使君臣失位，質文先後失宜。

其排斥蕭統甚至，蓋與劉履《選詩補註》皆私淑《文章正宗》之說者。然《正宗》主於明理，《文選》原止於論文。言豈一端，要各有當。仁子以彼概此，非通方之論也。

且所補司馬談《六家要旨論》，則齊黃老於六經；魯仲連《遺燕將書》，則教人以叛主；高帝《鴻鵠歌》，情鍾嬖愛；揚雄《反離騷》，事異忠貞；蔡琰《胡笳十八拍》，非節烈之言；《越人歌》、李延年歌，直淫褻之語；班固《燕然山銘》，實為貢諛權臣；董仲舒《火災對》，亦不免附會經義。律以《正宗》之法旨，為自亂其例，亦非能恪守真氏者。

至於宋王《微詠賦》，訛為宋玉《微詠賦》，則姓名時代並謬。引佛經橫陳之說以注《諷賦》，則龐雜已甚。荊軻《易水歌》與《文選》重出，亦為不檢。

觀所著《牧萊脞語》，於古文、時文之格律尚未甚分明，則排斥古人，亦貿貿然，徒大言耳。然其說云補《文選》，不云竟以廢《文選》。使兩書並行，各明一義，用以濟專尚華藻之偏，亦不可謂之無功。較諸舉一而廢百者，固尚有間焉。乾隆四十四年三月恭校上。

（見文淵閣《四庫全書》之《文選補遺》書前提要，亦見上圖藏清道光二十五年琅嬛刻本，索書號：線普長 294932-43）

欽定四庫全書簡明目錄之文選補遺提要

《文選補遺》四十卷，宋陳仁子編。仁子本講學家，故執真德秀《文章正宗》之法以甲乙《文選》，殆難以口舌與爭。然僅云：以此書補《文選》，不云以此書廢《文選》。使兩書並行，各明一義，用以救專尚華藻之失，亦未嘗無裨。較舉一廢百者，所見猶廣矣。

（見《文選補遺》首，上圖藏清道光二十五年琅嬛刻本，索書號：線普長 294932-43）

重刊文選補遺序

按：茶陵陳同俌先生《文選補遺》，其甥譚君紹烈刊板流傳，前明何方伯訪求重梓。乾隆初，先生十五世孫文煜復為刊行，貯板祠宇，奈茶陵距省三百餘里，非舟車孔道，藝林未能宣播。且疊經翻刻，舛誤滋甚。即原本音註刪節，亦多未協。如枚乘《梁王菟園賦》，「菟」與「兔」通，乃誤，楚人謂虎於菟。王延壽《王孫賦》「咤染」誤「咤柴」，以丑知切註「柴」字。「瑣醷」誤「頸

醯」，以口盍切註「醯」字。司馬遷《貨殖傳》「秦始皇帝令倮比封君以時，與朝臣列請」，屬上一段，乃誤作下一段起句之類。又倒字倒句、脫字脫句，不可枚舉。不揣簡陋，謹就管見所及，校訂重刊，以公同好。隨校隨刊，有不及更正者，悉仍其舊，識者諒之。

（《見文選補遺》，上圖藏清道光二十五年琅嬛刻本，索書號：線普長294932-43。此序在四庫簡目提要後，且整體比簡目低兩格，不著撰人姓名。聯繫此序內容及正文卷一卷端署名，此序爲道光本本次刊刻而作，作者或爲卷端署名之唐岱高、蔣恭鎰中的一位或兩位。）

風雅翼十四卷（選詩補註八卷補遺二卷續編四卷）

戴良風雅翼序

《風雅翼》者，中山劉坦之先生所輯錄。既繕寫成書，其友謝君肅來告曰：先儒朱文公嘗欲掇經史韻語及《文選》古辭附於《詩》《楚辭》之後，以爲根本準則，又欲擇夫《文選》以後之近古者爲之羽翼興衛焉。書未及成而即世。吾鄉劉先生，蓋聞文公之風而興起者也。故取蕭昭明所選之詩，精擇而去取之。至其注釋，亦以傳《詩》、注《楚辭》者爲成法，所謂《選詩補註》者是也。他若唐虞而降，以至於晉，凡歌辭之散見於傳記諸子集者，則又別爲簡拔，題之曰《選詩補遺》。此外又有《選詩續編》，乃李唐趙宋諸作。二編亦皆有注，視《補註》差略。《補註》凡八卷，《補遺》二卷，《續編》四卷〔註8〕，合十四卷〔註9〕，以其可爲風雅之羽翼也，故通號曰《風雅翼》。願序而傳焉。

嗟乎！文公之學盛矣！世之士子能以其才識之所至，而知慕效焉者，其人豈易得哉？雖然，詩亦難言也矣！昔者孔子刪《詩》，以其出於國人者謂之《風》；出於朝廷公卿大夫者，謂之《雅》；至於《頌》，則宗廟郊社之所用。其體不過此三者而已，而其義則有比興賦之分焉。然去聖既遠，學者徒抱焚餘殘脫之經，侲侲然千有餘年，之後則亦孰能無失於其問哉？

文公以邁古超今之學，集諸儒之大成。《詩傳》一書，亦既脫略眾說，一

〔註8〕四：《全元文》本作「五」，《全元文》此文輯佚自光緒二十五年《上虞縣志》卷四八。

〔註9〕四：《全元文》本作「五」。

洗舊失而新之。又以爲《詩》亡之後，獨楚人之辭得夫變風變雅之體裁，復即其書，嚴加隱括，而訓注以傳。於是古音之見於今者，煥然無遺憾矣。

先生師之宗之，《選詩補註》既視此二書爲無愧，而《補遺》、《續編》亦皆有以成公素志之所欲，則其所見，何可量哉？非其學問之精博，曷以有是哉？竊嘗論之：詩者，人心感物而動，形諸咨嗟詠歎者也。感於中者有邪正，則形於外者有善惡。善者法之，而惡者戒之，皆所以爲教也。善之不足以爲法，惡之不足以爲戒，君子何取於斯焉？《詩》與《楚辭》既經聖賢之刪述，固已垂教萬世矣。繼是而後，以辭章名世者，無慮數十百家，亦有可取以爲教者乎？抑亦有未然乎？漢魏及晉，蓋皆去古未遠，流風餘韻，猶有存者。唐宋遠矣，時則有若杜少陵、韓昌黎諸人，有若王文公及我文公，亦皆豪傑之士，不待文王而興者。取以爲教，詎曰不然？嗚呼！此文公所以有志於采擇，而先生因之取則也。

探之《補註》，以浚其源；廓之《補遺》，以博其趣；參之《續編》，以盡其變。而又養之以性情之正，體之以言行之和，將見溫柔敦厚之教，得諸優遊淫佚之表，則所謂羽翼風雅於斯世者，蓋亦庶乎其有徵矣。然則先生是書，雖與文公諸書並傳可也。

先生名履，其字坦之，宋侍御史忠公四世孫。忠公私淑文公者也，固有所受哉。

至正二十三年冬十有一月日南至金華戴良序。

（見《選詩補註》、《補遺》、《續編》，上圖藏明正統三年何景春八行二十字刻本，其中卷一及序配補明天順刻本，索書號：線善 774494-503。又見北師大藏清抄四庫全書底本《風雅翼》，又見《全元文》53 冊頁 298～300）

謝肅選詩補註序

惟穆清生人，莫不有志。志之形於聲文，斯謂之詩。詩於周爲極盛，而傳者止三百五篇，下此爲楚人之辭，又下此爲漢魏以降之五言，而詩再變矣。

然三百篇則聖人所刪，善惡畢備，以示勸懲。《楚辭》則朱子所校錄，亦其發於性情，關於風教者。不則，雖好而弗載。五言則蕭昭明所選，編次無序，而決擇不精，果能合夫聖人、朱子刪校之法乎？不惟不能合夫刪校之法，而諸家之註，果能合夫朱子註《詩》《楚辭》之法乎？況朱子嘗欲鈔經史韻語、《文選》古詞，以附於《詩》《楚辭》之後。惜其書不成，書成，亦豈無註乎？

此中山劉先生《選詩補註》所以作也，其立法蓋有五焉。夫序世代，列作者名氏，而略見其隱顯始終之跡，迺以篇什繫焉，使有可攷，一也。苟合作矣，雖昭明失選者取之；苟不合作，雖在選中者去之。故粹然完美，足爲準則，二也。陶靖節詩與《選》者九，眞氏則以五十餘首入《文章正宗》，而江淹所擬在焉，是亦未爲精審矣。今所簡拔爲篇若干，表而出之，以見正始風氣既衰而復振，三也。而《補註》凡例，蓋倣乎《詩》《楚辭》之注，用之韻補以協其音聲，考之訓詁以疏其字義，探之羣籍以白其事實，繹之論議以融其指意，然後著述之體以得，四也。其於六臣之注釋、曾蒼山之《演義》、宗人湞溪之批點，或失於荒陋，或失於穿鑿，或失於簡略者，則提要鉤玄，會而通之，以不沒其善，五也。

於是天地、日月、四時、鬼神之理，君臣、父子、夫婦、兄弟、朋友之道，山川、谿谷、鳥獸、草木之名物，凡有見於詠歌者，靡不即其興比賦，以敷其說，而作者之志不昧於千載之下矣。使諷誦之者，可以喜、可以怒、可以哀、可以樂，不知手之舞而足之蹈也。

嗟乎！非先生博學而精識，何以能爲書之可傳也！其有功於作者，豈不盛矣哉！雖然作者非一人，人非一時，時不同而辭亦異。故漢魏諸作，猶存三百篇流風餘韻，及晉而跋涉玄虛，及宋而耽樂山水，及齊梁而崇尚綺靡、流連光景，是則詩者不特至五言爲再變，而五言之變抑又三焉。於此可以觀世道之降，而大雅君子未嘗不爲之痛惜而深悲也。而讀《選詩補註》者，蓋亦不可以不知，因并書以序。

先生名履，字坦之，宋侍御史忠公之四世孫。守志厲行，以經術世其家云。

至正二十一年春二月既望，平江路學道書院山長上虞謝肅序。

（見《選詩補註》、《補遺》、《續編》，上圖藏明初黑口十行二十字刻本索書號線善 795913-22，又見謝肅《密庵詩文稿·庚卷》，《四部叢刊》三編景明洪武本）

夏時選詩補註序

自古學道之士，未嘗蔑意於世用。惟不得行其志，則疾沒世而名不稱，故或研覃乎六籍，推明先聖賢之遺言，以啓迪後進爲事。或發舒爲著述，亦必務乎明天理、正人心，使不失爲載道之器。意謂，不如是不足以垂世而傳

後也。六籍之學，自子朱子爲之闡明，而大義章章矣。而《詩傳》一書，尤其自謂無憾者也。

《離騷》作於屈原，視風雅已一變矣。雖曰南國宗之爲辭賦之祖，然其跌蕩怪神、怨懟激發，醇儒莊士或羞稱之，奚必汲汲爲之集註耶？蓋朱子蘊忠貞之士，經濟之才，而蔽障於權臣，不得以致其君爲唐虞三代之治，故託此以舒其憤薀，而深嗟永歎，使讀之者慨然興千古無窮之悲也。

五言詩之錄於《文選》，視風雅雖已再變，然去古未遠，猶或可取，以爲後學之準則。故朱子嘗欲採輯一編，附於三百篇、楚辭之後。今劉先生坦之之爲補註也，既更爲刪定，又倣《詩傳》，而說之一取則於朱子，亦豈無所爲而爲之耶？

先生資稟粹而才識明，自幼力學，即以行道濟時爲志。一遭天下之多故，遂落落無所偶，悲傷怨慕，形諸詠歌，宛然有漢魏以來作者風致。況其立心行己，往往自謂無歉於諸人。而身處乎窮約，世更乎衰亂，又或與之有近似者。此所以注意於選詩，而必爲之發其旨趣，申其情志，使不昧於千載之下也。

大抵學士大夫所著述，不問其爲經術、爲辭章，惟言發乎倫理，事關乎世教，君子必有取焉。子朱子雖託意於《離騷》，其續楚辭也，始有取於《成相》，欲使爲治者知興衰治亂之所自；終之以《鞠歌》、《擬招》，又欲使游藝者知爲學之有本，而辭章有不足爲矣。

先生雖注意於選詩，然於蘇子卿也，謂其有見夫君臣、父子、兄弟、夫婦、朋友之義焉。於曹子建，謂其止以皇佐稱魏武，而視王粲、劉楨爲有法焉。於嵇阮二子，謂其立心似陶靖節，而非建安諸子委身事魏者比焉。於張茂先，謂其獨能勵志於聖賢之學，而於道體爲有見焉。而於袁陽源也，謂其獨能以愛君爲心，而於宋諸詩人爲出類焉。即此而觀之，則先生之意，誠不止爲選詩發矣。

然則是編之作，其有以發揮前人而啓迪後進也，不既多矣乎？吁！先生雖不得志於時，而傳於後者不朽，其視見用於世，而沒沒無聞者爲何如哉？余自揆託交於先生最久，而知先生之心爲尤深，故輒序於卷首。庶幾讀是編者，知古人之詩不徒作；而先生之於詩，亦不爲徒說矣。

至正乙巳三月初吉，友生會稽夏時序。

（見《選詩補註》、《補遺》、《續編》，上圖藏明初黑口十行二十字刻本，索書號線善 795913-22）

劉履選詩補註凡例

一：選詩云者，梁昭明太子統所選者也。詩自孔子刪後，殆未易言。然今人欲知漢魏以下諸作，頗賴昭明此編之存。愚故特於其中重加訂選，得二百十有二首。又常恨陶靖節詩在《文選》者甚少，今就其本集增取二十九首，又於《後漢書》得酈炎詩二首，於《文章正宗》得曹子建《怨歌行》一首，於《阮嗣宗集》得《詠懷》二首，皆《文選》所遺者。總二百四十六首，釐爲八卷。其它如經史所載、歌謠樂府集所錄古詞，別當刪取而續傳也。

一：重選之法，必其體制古雅，意趣悠遠，而所言本於性情、關於世教、足爲後學準式者取之。間有篇中一章可摘取者，亦不舍去。且三百篇有美有刺，惟十三國變風，或載男女淫奔之詞，聖人固已垂戒於前矣。今所選專以二南雅頌爲則，其詞意稍有不合於此者，一切刪去。

一：所選詩較之曾原《演義》，除陶詩外增多者，幾八十首。於《演義》所錄而補註之不取者三十九首。如魏武帝《短歌行》、文帝《芙蓉池》、劉公幹《公燕》、陸士衡《從軍》《苦寒》等篇，其說竝已見各人詩註。又如古樂府《傷歌行》，乃後人掇拾模擬，淺近易到。應休璉《百一詩》，詞多鄙俚，殊非雅製。傅長虞《贈何劭等》，雜冗而不精潔。潘安仁《悼亡》，徒發乎情，而不止禮義。謝宣遠《從戲馬臺集》，景有餘而意不足。顏延年《侍遊京口》，雕斲藻繪，而乏蕭散之趣。故皆不得而錄，其餘自可類推矣。

一：選詩四言雖多，率皆拘拘模倣，蹈襲風雅詞意，讀之使人可厭。今特取其能自融化、稍異於眾者錄之，以備一體。

一：凡一人之詩可採者多，但詞意未免重複，故必擇其尤者錄之。若一人僅有一篇可取，則亦錄而不遺也。

一：凡詩人之家世出處、歷仕年代、節行封諡，竝詳考史傳，略具始末於始名之下，使覽者有考焉。

一：補註者，補前人之所不足也。大意竊取朱子《詩傳》爲法，先明訓詁，次述作者旨意，間有先正論及此者，亦附焉。庶幾詞達而義明，使初學易入也。

一：舊註李善釋事而遺意，其子邕雖間爲補附，而不及精詳。五臣因其繁釀，乃更爲詁解，而乖謬尤多。近世曾原頗得梗概，又或詳而不要，略而不明，使學者無所取正。然此諸家之說，互有得失。故補註多采用之。凡眾說同者，則但稱舊註。若所論特異，則著姓名，以表見之。

一：詩意本有關於時事舊註，或晦昧而不宣。今為考諸史傳，發其歸趣，然後知詩人之用意非徒作也。

一：詩中字有訛誤，其證據明白者正之，註云：舊作某字，非是。若字本誤，眾說乃牽強而不通者，圈之，註云：當作某字。有疑似者不圈，但云：疑當作某字。或有音聲之訛、字畫偏旁之誤，當作某字者，竝疏其下。

一：詩有協韻，竝依《詩傳》及《楚詞集註》例，仍參考吳材《老韻補》，各附其下。

一：語有精至，或意思悠遠者，從旁點識。若含蓄有餘韻者圈，意切要而語稍晦或未工者抹，庶使學者或得因此而尋玩其意味也。

右凡例十二條，述所以補註選詩之意如此也。噫！作詩固難矣，而知詩為尤難。自秦漢置博士，各專一經，而治詩者皆不免惑於小序，失其本義。至宋殆千百年，乃有朱子《集傳》者出，而後學始得其宗。詩其果難知哉！秦漢及晉作者，去古未遠，而風雅之餘韻猶存。惜乎註者未悉其蘊，使詩人優游詠歌之趣，忠憤懇切、窮阨悲怨之情，可以使人感發而興起者，不獲見知於後世，是可嘆也。

予窮居草澤，竊以吟詠自娛，因獲究夫作者之旨趣，而粗有得焉，輒不自揆而為之補註。雖不敢妄擬前人著述之萬一，然初學之士或有取焉，未必無所助也。同志之士幸相與訂正之。

（見《選詩補註》、《補遺》、《續編》，上圖藏明嘉靖三十一年顧存仁養吾堂刻本，索書號：線善 855812-23）

劉履選詩續編序

右《選詩續編》目錄，凡四卷。昔者朱子嘗欲鈔經史韻語及《文選》古詞，又將擇夫《文選》以後諸詞之近於古者，以為羽翼輿衛。且曰：其不合者，悉去之，使吾耳目胸次無一字世俗言語相接入。則其為詩不期於高遠而自高遠。先正惓惓教人，復古之意，可謂至深切矣。惜乎未覯成書，後學無所取則。

愚敢不揆僭踰，輒為《選詩補註》《補遺》，而復及是編者，蓋亦竊承朱子之遺意也。嗟夫！五言古法之壞，萌於宋，滋於齊梁，而極於陳隋。餘風披靡，施及唐之初載。故雖傑出如王楊盧駱，猶未能去其故習。至陳子昂始克一變，而後李杜諸人相繼迭起，近世之言詩者，蓋莫盛於斯焉。今所編得

唐古體，合一百餘首。如杜少陵之忠義懇激，韓昌黎之格韻高嚴，則又迥出魏晉之上，可不謂詩之中興也歟？貞元以降，迄於五季，詩道又一衰矣。趙宋文運復興，而歐蘇黃陳並以詩名，當世然其才力超邁，各自爲家，而於古人之風格漫不暇顧。唯王臨川間出一二，及吾朱子識趣高明，極意追復，遺音未泯，庶幾在茲。至若《感興》諸篇，論其詞藻，雖未能超軼前古，而所以探萬化之原，達至理之奧，足以垂世立教，則又三百篇後之所絕無而僅有者，故特置諸卷終。是又《楚辭後語》而有《鞠歌》《擬招》之例云耳。

（見《選詩補註》、《補遺》、《續編》，上圖藏明嘉靖三十一年顧存仁養吾堂刻本，索書號：線善 855812-23）

劉履選詩補遺序

右《選詩補遺》目錄，上下卷，凡四十二首，皆古歌謠詞散見於傳記諸子之書及樂府集者也。皋陶所庚、五子所述，載於《書經》者，乃聖人所定，不敢復錄。而其它古詞之合作者，無不在焉。唐虞而降，以至於晉，懸歷二千七百餘載，其間詞章不見錄於梁昭明者無限。今所補，僅止於此，是何考擇之太謹耶？蓋自風雅一變而爲楚辭，晦庵朱子爲之註矣，而於定著《後語》，則曰：考於詞宜益精，擇於義當益嚴。今予不知僭妄，即爲補註選詩，而復輯是編者，蓋益竊承朱子欲鈔經史諸書、韻語《文選》古詩附於三百篇、楚詞之後之遺意。則於考釋也，固不得不至謹，而加之精嚴也已。若其微詞奧旨當訓釋者，則略疏於本篇之下云。

（見《選詩補註》、《補遺》、《續編》，上圖藏明嘉靖三十一年顧存仁養吾堂刻本，索書號：線善 855812-23）

曾日章風雅翼序

事功易於立名，著述難於傳世，此古今之所同也。夫稷契周召之爲人，多多才與藝，錯諸事業以成令名，奚待於著述哉？以尼父之聖，刪《詩》《書》，定《禮》《樂》，贊《周易》，修《春秋》，周流窮阨，而先王之道始賴以明。至於曾子之《大學》，子思之《中庸》，微程子朱子之表章，後世孰能知爲傳道之書乎。則自秦漢以下，著述有關於世教，可傳而不傳者，豈一人哉？朱子平生著述，皆見於世。

有志欲爲而未能者，會稽劉坦之先生所著《風雅翼》之編是也。以《詩》之大義爲楚辭之訓詁，朱子之心法也。以朱子之心法，施於《風雅翼》之編，

其有關於世教之功，豈可少哉？先生之曾祖忠公，以事功顯於宋，先生力學不得行道濟時，而留意於著述，其書幸傳而猶病其不廣也。

鴻臚少卿潘公文錫，由進士登官途〔註10〕，於前人著述有關於世教者，汲汲以傳導後學之心為心。得《風雅翼》之編於會稽上虞，來謂余曰：此書僅在一方，久恐蕪沒。吾家浦城，視建陽為鄰邑。建陽書籍甲天下，然其人以為貨居，以時之所需用為印行之緩急，而名教有所不論也。獨新安金德玹氏，超出流俗之中，得書之可傳者，不計時之用否，必欲鋟梓以傳。書林詹宗矕氏求奇書於新安，與吾心有同然者，乃持此書畀之。惟子序其所由來。嗟乎！使天下之人，皆如潘公之於施教，皆如詹公之緩於圖其利，而刊古人未售之書，若劉先生之是編，則事功與著述可並傳於世也，又何難易之云乎哉？

翰林侍讀兼鴻臚寺少卿曾日章序。

（見《選詩補註》，華東師範大學圖書館藏明正統間何景春八行二十字刻本，索書號：SV31-16 57.674）

黃子南識

余為邑於越之上虞，自公退食之頃，獲覯邑之劉先生履所著《選詩補註》，題曰《風雅翼》，殆得夫子朱子所著《詩傳》之法歟，其有關於世教也哉。未幾，復得翰林侍讀曾公日章撰《風雅翼》敘文一通，其意蓋述鴻臚少卿潘公文錫之謂先生力學不得行道濟時，獨留意於著述，惜其書幸傳而未廣。且惟建陽書籍甲天下，然彼之市書者以利為尚，獨金德玹氏超出倫輩，而與吾心同，持此書囑之詹氏繡梓，以傳其廣。

嗟夫！潘公之能不沒人之善而欲此書遍傳天下，詹氏又能緩於圖利而副金公之託，曾公又能樂道人之善，夫三君子皆宜相聯得書，而與此書同傳不朽矣。

承事郎知紹興府上虞縣事黃子南識。

（見《選詩補註》，華東師範大學圖書館藏明正統間何景春八行二十字刻本，索書號：SV31-16 57.674）

曾鶴齡重刊風雅翼序

〔註10〕華師明初八行二十字本在「人」後句讀，而不在「途」後句讀。

士大夫之所欲得者，莫如書。而書肆之所未刻者，又不易得。得不易，則懷金而缺望者爲不少矣。初予家居時，聞有《風雅翼》一書，欲得見之不能。及忝科目、遊士林，始獲於所知借觀之，無幾，遽當還之。最久而後，購得全本，然又字多缺誤，不無魚魯之惑。於乎！以予得之之難且如此，況處下都僻邑、寡四方交遊者乎？況山林之下，未嘗出城府者乎？

四明陳公本深自刑部郎來守吉郡，謂郡之士能詩者眾矣，如盡得《風雅翼》觀之，則尠有不趨於古者。顧紹興刻版，歲久弗完，今不重刊，曷由廣及？於是與其貳守會稽王公仕昇、通守南陽邢公麟謀之。而叶又得守禦千戶王公業相之以成。既成，而俾予爲序。惟是書具有舊序，何假贅出。然而陳公今日所以重刊之意，則不容不序以見之也。

公爲吾郡既六年，政清事簡，人用和洽，遂有餘閑以及茲事。殆孔子所謂富而教之者歟。是版印行，必先及屬邑，俾凡後學之士得追古作，有風雅騷選之深趣，而去淺陋者，自公始也。屬邑既得，而四方往來又必傳至遐裔，俾未嘗得見者庶幾喜見是書而披誦習，復之不已，以霑其膏馥者，又自吾郡始也。

予因公命，遂述昔時所以未易得者以誌同志。若夫編次注釋之顛末，與其有關於優柔溫厚之教者，則有金華之戴、會稽之夏、上虞之謝三先生之序在，覽者宜自求之。

宣德甲寅冬十一月辛卯，翰林侍讀承直郎兼修國史郡人曾鶴齡序。

（《選詩補註》《補遺》《續編》，華東師範大學圖書館藏宣德九年陳本深刻本，索書號：S V31-16 57.674/C2。又見北師大藏清抄本《風雅翼》，索書號：善831/887）

履素道人重刊風雅翼序

梁昭明太子統選漢魏而下五言詩錄之《文選》，以啓迪後學。然采擇或有未精，而舊註尤多穿鑿乖謬，不足以盡詩人之蘊，讀者慊焉。上虞劉坦之乃從而去取之，更爲訓釋，以補舊註之不足，謂之《選詩補註》。又選古歌辭之見於經史者，編之《補註》之次，謂之《選詩補遺》。選唐宋名人所作，編之《補遺》之次，謂之《選詩續編》。以其可以羽翼風雅，合而名之曰《風雅翼》。

雖以板行，而歲久湮沒，求之者不易得。一日，紀善張驥得之以進，受而閱之。其采擇也，必體制意趣雅淡悠遠，而所言本於性情、關於世教。有

合於二南雅頌則取之，其不合者去之。其訓釋也，則倣朱子《集傳》，先明訓詁，次述旨趣。而先儒議論有及之者，間亦附焉。

夫聖經賢傳傳之萬世而無弊焉者也，而世之稱著述者幾何，而知所取法乎？不知取法經傳，而欲其所述與之並傳可乎？今坦之是編，一於《詩》之經傳，是則是效，擇之之精，訓之之詳，上有功於作者，下有惠於後學。不惟非其他著述者可比，雖與聖賢之經傳並傳，奚不可哉？是用重鋟諸梓以廣其傳，而并序諸首簡。

天順庚辰仲夏中瀚履素道人序。

（見《選詩補註》《補遺》《續編》，華東師範大學圖書館藏天順四年十行十九字刻本，索書號：S V31-16 57.674/C3）

王璽重刊風雅翼序

古詩無定體，有定法，對時感物，抒懷遣興，人自爲篇。初曷嘗有長短之限，聲律之比。然必根道義，關政化，體人情，渾厚而爾雅，和平而莊敬，深婉而切實。若殷彝周鼎之俠，南風清廟之奏，家人父子之相語，可以動當時，訓來世。三百篇，經也，固不敢妄擬也，要之榘矱猶有在者。若夫誇鮮鬬巧以爲才，鼓滔道藝以爲趣，凌高履險以爲異，如琵琶之恩怨，幼艾之脂粉，仙釋之空誕，則太樸散而正始亡，慾心蕩而禮法乖，縱亦克諧俚耳，眩瞀目，有識者固弗多也。

璽學古未能也，冒爾出宰鹽邑，有治而教之之責，竊循用古道以爲理，破城府而爲豈弟，不獨作泮造俊，田髦林逸，恒進而慰諭之。知其亦知作詩，而不獨士夫。顧患其溺於近習，而未領夫古法也，乃翻刻元賢劉先生坦之《選詩補註》《補遺》《續編》，通名曰《風雅翼》者，俾傳習之。夫先生是編因蕭昭明之所選集而重選之，刪削乎其所誤取，賞識乎其所弗取，又進選其舊之所遺，及後出諸賢之作之未經選者以益之。合度者雖閭詠童謠、漁歌牧喝，有所弗置。否則才人逸客，以詩擅名當時者，未嘗苟於一取。三百篇以前、漢以後至於宋辭章之古者，簡閱裒次，殆無餘蘊，可謂精選矣，誠可以羽翼風雅矣。兼之訓釋詳明，援引切要，評論正當，而利於誦習。吾民之學詩者，於誦詩三百篇之餘，苟亦細讀而則之，自茲而形諸賦詠，安知其無脫畧凡近，從容於古詩家法中乎，又安知其不風動閭里，變其澆漓之俗而亦還之古乎？詩之源流，先生注釋之故，歷履之槩，故有序，於茲弗贅。第序其今日重刊

是編之意，以示吾民。

弘治辛酉秋七月甲子知海寧縣事廬陵王璽序。

（見《選詩補註》《補遺》《續編》，南京圖書館藏弘治十四年王璽刻本，索書號：GJ/KB0967）

王大化刻選詩序

《選詩補註》者，即梁昭明所選漢魏以下諸作而去取之，疏其微詞奧旨以補其舊也。《補遺》者，取子朱子欲抄附於三百篇、楚辭之後之遺意也。《續編》者，編唐宋名家有古風格者也，統系之曰《風雅翼》。蓋風者，采於邦國；雅者，用之朝廷。有正有變，而音節不容以無異，非是，莫之羽翼也。噫！豈徒具也與哉！

古今談詩者，無慮數十家，而隘於嚴滄浪氏。選詩者，亦無慮數十家，而備於高廷禮氏。然亦上下乎古今者也。超然詩教，莫有如劉坦之氏者。

梅林先生暇坐郡閣，因論及此，出其藏善本，稍正其奪倫者刻之，殊欲學者之追於古哉！先生蕭姓，仕優而學，得詩家最上乘者。余時方請事云。

嘉靖四年秋九月晦日北湄子眞州王大化書。

（見《選詩補註》《補遺》《續編》，國圖藏嘉靖四年蕭世賢刻本，索書號：12947）

胡纘宗重刻選詩序

夫詩豈易選哉？而況於選選詩，又豈易哉？蕭昭明選《文選》，眞西山選《文章正宗》，劉坦之選《風雅翼》，所選雖各不同，要之皆本之三百篇而原之《虞歌》爾。比而讀之，繹而思之，昭明其主於風韻乎，西山其主於理致乎，坦之其主於體禮乎。大抵必出於古雅，必本於性情，必發於渾厚，而皆關於世教，否則不在所選矣。選詩豈易哉！

雖然雅詞古調微旨奧義，譬之大人君子必爲世欽，泰山喬嶽必爲世瞻，咸英韶濩必爲世希，龍泉太阿必爲世寶，有目者所能覩，有耳者所能聞，雖欲不選，惡得而不選。然世不古，若代隨之文亦■之，漢尚矣，魏亦有可觀者焉。晉雖不及魏，猶近之。宋去漢遠矣，齊梁且不及晉，況魏乎。下至陳隋，俞遠而愈失其眞。李太白云「大雅久不作」，「王風委蔓草」，是已。使非唐挽而振之，遡而演之，三百篇之遺，其幾乎熄矣。故世之論詩者，一曰漢，二曰魏而已矣，三曰晉，四曰唐而已矣，唐以下未可以言詩也。觀諸蘇李，觀諸曹劉，觀諸陶謝，觀諸李杜，不亦槩可見哉？

　　吾友梅林蕭若愚氏志在大雅，學從上乘，而於古選尤惓惓焉，可以觀梅林矣。刻置嘉禾郡齋，以貽同志，追述古人，而嘉惠後學，其功夫何可少哉。

　　坦之是編，《選註》八卷，《補遺》二卷，《續編》四卷。古詞十有八首，漢詩五十有七首，魏詩如漢之數，晉詩九十有六首，宋詩二十有五首，齊梁詩十有六首，唐詩百有四首，宋詩二十有九首，亦嚴矣，而近體絕句不與焉。（見胡纘宗《鳥鼠山人小集》卷十二，明嘉靖刻本，又見《選詩補註》《補遺》《續編》，國圖藏明嘉靖三十一年顧存仁嘉靖養吾堂刻本，索書號：17295）

顧存仁重刻選詩序

　　人有言曰，文章與時高下，六經尚矣。文至西漢而止，東京以後不錄焉。惟詩亦然。然詩而曰選，詩之亡也，《昭明文選》備矣。中山劉氏，復以漢魏而下諸詩選集，而補註而補遺而續編，不贅乎？

　　曰：時有夷隆，道無今古。詩者，性情之發，道之著也。帝王之道，上原於天，元始玄風，萬代一日，周王道熄，而風雅寢聲，《離騷》迺作。朱子以其體憲三代，義兼風雅，箋釋辯證，上繼六經。三百刪後，天下無詩哉？漢世近古，正始猶存，自漢而下，晉魏六朝，全唐兩宋，眾制源流，鋒起間出。雖其風氣體格，代因時劣，至其吟詠性情，宣發風教，正聲在世，辟如春鳥夏雷、秋蟲冬風，各以時鳴，未之或息也。三百刪後無詩哉？

　　中山是編，一宗朱子。詩取合作，而不以代廢；作取合道，而不以人廢。非所以存一代之制，而謂正聲之未亡者與。不然，朱子釋騷，自謂無憾，後語之續，必終張呂，以示游藝歸宿。是編選集，亦謂精嚴。至其補遺，首述唐謠。續編終其感興，而垂訓帝極，歸原玄天，此又何說哉。

　　明興禮樂，同風三代。弘正以來，咸謂詩道復興。童習命觚，動稱姬漢，蕪穢宋元。高者艱深詞義，下者綜緝文華，而不知天地聲氣之元，王風大雅之翼，茲編未必無補云。

　　中山名履，字坦之，宋侍御劉忠公四世孫，窮居學道，淵源關閩。茲刻行世二百餘年，舊本屢易，魯魚漫漶，且其微蘊，惜之未白也。遂因中南堯峰諸君論校，擇工鋟梓，并述篇末，詒諸同志焉。

　　旹在嘉靖壬子七月望日後學居庸山人吳郡顧存仁書於東白齋中。

（見《選詩補註》、《補遺》、《續編》，上圖藏明嘉靖三十一年顧存仁養吾堂刻本，索書號：線善855812-23）

嘉靖顧存仁養吾堂本牌記

是編刻於嘉靖甲辰，訖工今歲壬子，刻李潮叔姪，書冀氏白谷，技盡吳下，可與茲篇並傳。

（見《選詩補註》、《補遺》、《續編》，上圖藏明嘉靖三十一年顧存仁養吾堂刻本，索書號：線善 855812-23）

周星詒手跋

此冊是寅兒得之越中者。予少好聚書，爲目錄校讎之學，二十餘年藏弄七萬餘卷，連屋充棟。有以書售者，宋元明槧見即別白，蓋有心得而口莫由宣者。門生世講從予請術，惡未能得肯要。惟寅能得十七八，鑑別書刻，百不失一。四部氄勝，但認書腦包角，即擒之出，校勘脫誤，頗具妙悟。《七略》以次■符，錄門分合，略能舉之。予藏書中經手校者具在，可■■■■也。每私喜所學有傳，何意數年頃失故步。

（見《選詩續編》，國圖藏明十行二十字刻本，索書號：06276）

董其昌漢魏六朝選詩補註序

學士家兢譚詩也者，豈徒諧聲律、誇美麗云乎哉。將發天籟，追風雅，以爲三百篇之羽翼是也。輓近艷賞唐音，不佞何容置喙。弟嘗讀杜少陵詩曰：「不及前人更無疑，遞相傳述竟誰先。別裁僞體親風雅，轉益多師是汝師。」此少陵示人學詩之法，見後人愈趨愈下，而學者不可不取法乎上也。故宋劉坦之取漢魏六朝四時詩篇爲說句、爲結題、彙成帙，毋亦上遡本始，下懸正的，得少陵之同然乎。

不佞公餘得檢閱焉，乃知五言起蘇李，固與班馬之賦並傳，而《四愁》《七哀》愴然如訴。他若魏武之幽燕老將，氣味沉雄；曹植之三河少年，風流自賞；陶靖節絳雲在霄，卷舒自若；謝康揚帆東海，流麗極佳；竹林雙阮、雲間二陸，翩翩振嚮，蓋不獨爲騷之變聲，而雅詩亦籍以不亡也。即盛唐歌行直其註腳，宋元可無論矣，非後學之師模乎？藉令學不師古，近取體卑而易習者，輒嘖嘖焉。雖矢口成聲吹合，比終落下乘。其不爲僞體、多師之失也，幾希矣，甚非選註意也。余故弁言之一勗同志者云。

己丑進士翰林院編修雲間董其昌敘。

（見《刻漢魏六朝選詩補註》，上圖藏明萬曆喬山堂刻李萬象增訂本，索書號：線善 799170-75）

四庫全書之風雅翼書前提要

臣等謹案《風雅翼》十四卷，元劉履編。履字坦之，上虞人，入明不仕，自號草澤間民。洪武十六年，詔求天下博學之士，浙江布政使強起之。至京師，授以官，以老疾固辭。賜鈔遣還，未及行而卒。《浙江通志》列之《隱逸傳》中。

是編首爲《選詩補註》八卷，取《文選》各詩刪補訓釋，大抵本之五臣舊注、曾原《演義》，而各斷以己意。次爲《選詩補遺》二卷，取古歌謠詞之散見諸書者，選錄四十二首，以補《文選》之缺。次爲《選詩續編》四卷，取唐宋以來諸家詩詞之近古者一百五十九首，以爲《文選》嗣音。

其去取大旨，本於眞德秀《文章正宗》，其銓釋體例則悉以朱子《詩集傳》爲準。其論杜甫《三吏》《三別》太迫切而乏簡遠之度，以視建安、樂府，如《典謨》之後別有《盤誥》，足見風氣變移云云。不知諷諭之語，必含蓄乃見優柔；敘述之詞，必眞切乃能感動。王粲《七哀詩》曰：出門無所見，白骨蔽平原。路有飢婦人，抱子棄草間。顧聞號泣聲，揮涕獨不還。未知身死處，何能兩相完。此何嘗非建安詩？與《三吏》《三別》何異？又如《孤兒行》、《婦病行》、《上留田》、《東西門行》以及《焦仲卿妻詩》之類，何嘗非樂府詩？與《三吏》、《三別》又何異？此不明文章之正變而謬爲大言也。

又論《塘上行》後六句，以爲魏文帝從軍，而甄后念之。不知古者采詩以入樂，聲盡而詞不盡，則刪節其詞。詞盡而聲不盡，則摭他詩數句以足之。皆但論聲律，不論文義。《樂府詩集》，班班可考。《塘上行》末六句忽及從軍，蓋由於此。履牽合魏文帝之西征，此不明文章之體裁而橫生曲解也。

至於以漢魏篇章強分比興，尤未免刻舟求劍，附合支離。朱子以是註楚詞尚有異議，況又效西子之矉乎。以其大旨不失於正，而亦不至全流於膠固。又所箋釋評論亦頗詳贍，尚非枵腹之空談，較陳仁子書猶在其上，固不妨存備參考焉。

又按葉盛《水東日記》稱：祭酒安成李先生於劉履《風雅翼》常別加注釋，視劉益精。安成李先生者，李時勉也，其書今未之見。然時勉以學問醇正、人品端方，爲天下所重。詩歌非其所長，考證亦非其所長。計與履之原書，亦不過伯仲之間而已。

乾隆四十五年十一月恭校上。

（見文淵閣本《四庫全書》之《風雅翼》書前提要）

過錄羅振玉文選集註序及其他

萬覆胡刻《文選》六十卷,《攷異》十卷,同治八年潯陽萬本儀廣州重刻胡本。

袖珍本胡刻《文選》六十卷,《攷異》十卷,光緒六年四明林植梅編刻胡本,胡刻行款全改。

唐寫《文選集註》殘本不分卷,羅振玉編,日本珂羅版印。

日本金澤文庫藏古寫本《文選集注》殘卷,無撰人姓名,亦不能得其總卷數。卷中所引,於李善及五臣舊注外,有陸善經注、有《音訣》、有《抄》,皆今日我國所無者也。於唐諸帝諱,或缺筆或否,其寫自海東,抑出唐人手,不能知也。往在京師得一卷,珍如璆璧。宣統紀元,再遊扶桑,欲往披覽,匆匆未果,乃遣知好往彼移寫,得殘卷十有五,其本歸武進董氏。予勸以授之梓,董君諾焉。予以此善注本詳校,異同甚多,且知其析善注本一卷為二,蓋昭明原本為三十卷,善注析為六十卷,此又析為百二十卷,卷第固可知矣,而作者卒不可知也。此書久已星散,予先後得二卷,東友小川簡齋君得二卷,海鹽張氏得二卷,楚中楊氏得一卷,今在文庫者多短篇殘紙而已。予所藏二卷影寫本無之,楊氏藏本今不知在何許,小川君及張氏本則均已影寫在十五卷中。予念此零卷者,雖所存不及什二,然不謀印行,異日求此且不可得。而刊行之事,予當任之,乃假而付之影印。予所藏二卷即就原本印之,不復傳寫,以存其真。張氏藏卷聞將自印於上海,乃去此二卷,仍得十六卷,乃稍稍可流傳矣。然距影寫時則已十年,其卒得印行亦幸也。諸卷中第百十六前半據東友所藏膽寫,小字本鈔補。小字本至《褚淵碑》「元戎啓行,衣冠未緝」注止,而原本則自「衣冠未緝」二句起,此二句之注,兩本詳略互異,不知他注何為,惜無從比勘。似此書原本外,尚有膽寫別本,且與此本有異同,而未聞東邦學者言及之。附記於此,俟他日訪寫。

戊午六月羅振玉。

(見《風雅翼》首,北師大藏清抄四庫全書底本《風雅翼》,索書號:善831/887,此序用鉛筆過錄在原書上,從「日本金澤文庫」至末「俟他日訪寫」為羅振玉《文選集註序》)

附錄三、書影

《虛谷評五謝詩》卷一卷端，明鈔本（國家圖書館藏）

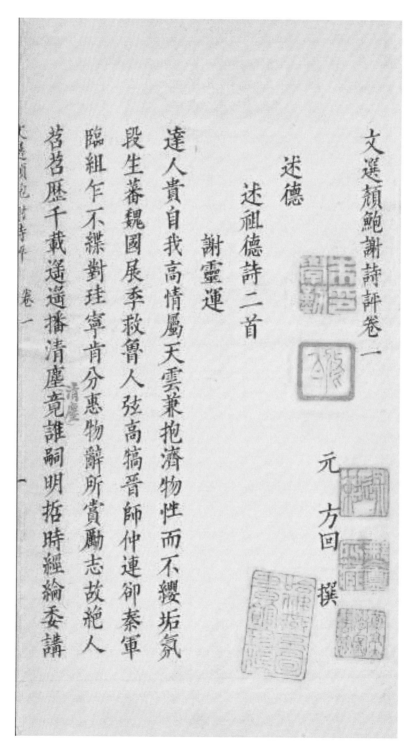

文選顏鮑謝詩評卷一

元 方回 撰

述德

述祖德詩二首

謝靈運

達人貴自我高情屬天雲兼抱濟物性而不纓垢氛

段生蕃魏國展季救魯人弦高犒晉師仲連卻秦軍

臨組乍不緤對珪寧肯分惠物辭所賞勵志故絕人

茗茗歷千載遙遙播清塵竟誰嗣明哲時經綸委講

《文選顏鮑謝詩評》卷一卷端，清乾隆周永年鈔本（哈佛大學燕京圖書館藏）

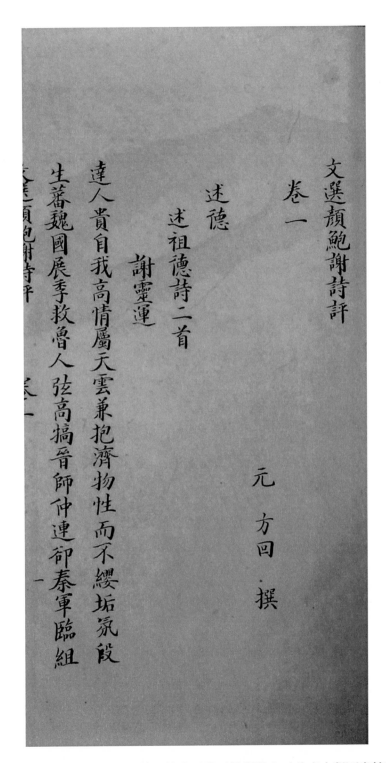

文選顏鮑謝詩評

卷一　　　　　　　　　　　元　方回　撰

述德

　述祖德詩二首

　　謝靈運

達人貴自我高情屬天雲兼抱濟物性而不纓垢氛殷

生蕃魏國展季救魯人弦高搞晉師仲連卻秦軍臨組

文選顏鮑謝詩評　卷一　　　　　一

《文選顏鮑謝詩評》卷一卷端，清孔氏嶽雪樓影鈔本（北京大學圖書館藏）

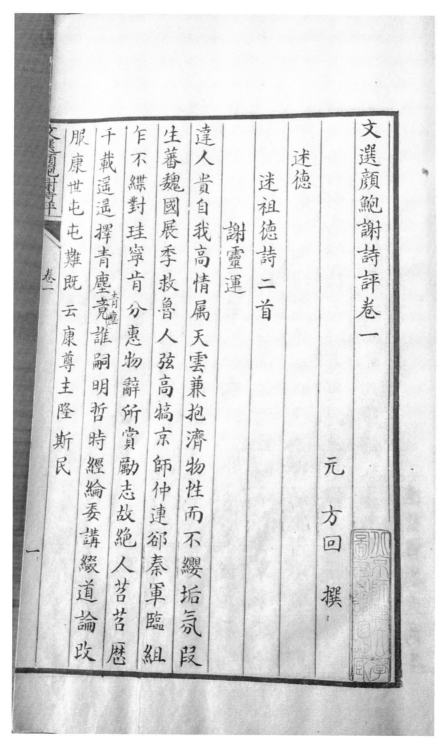

《文選顏鮑謝詩評》卷一卷端，清末劉氏遠碧樓鈔本（北京師範大學圖書館藏）

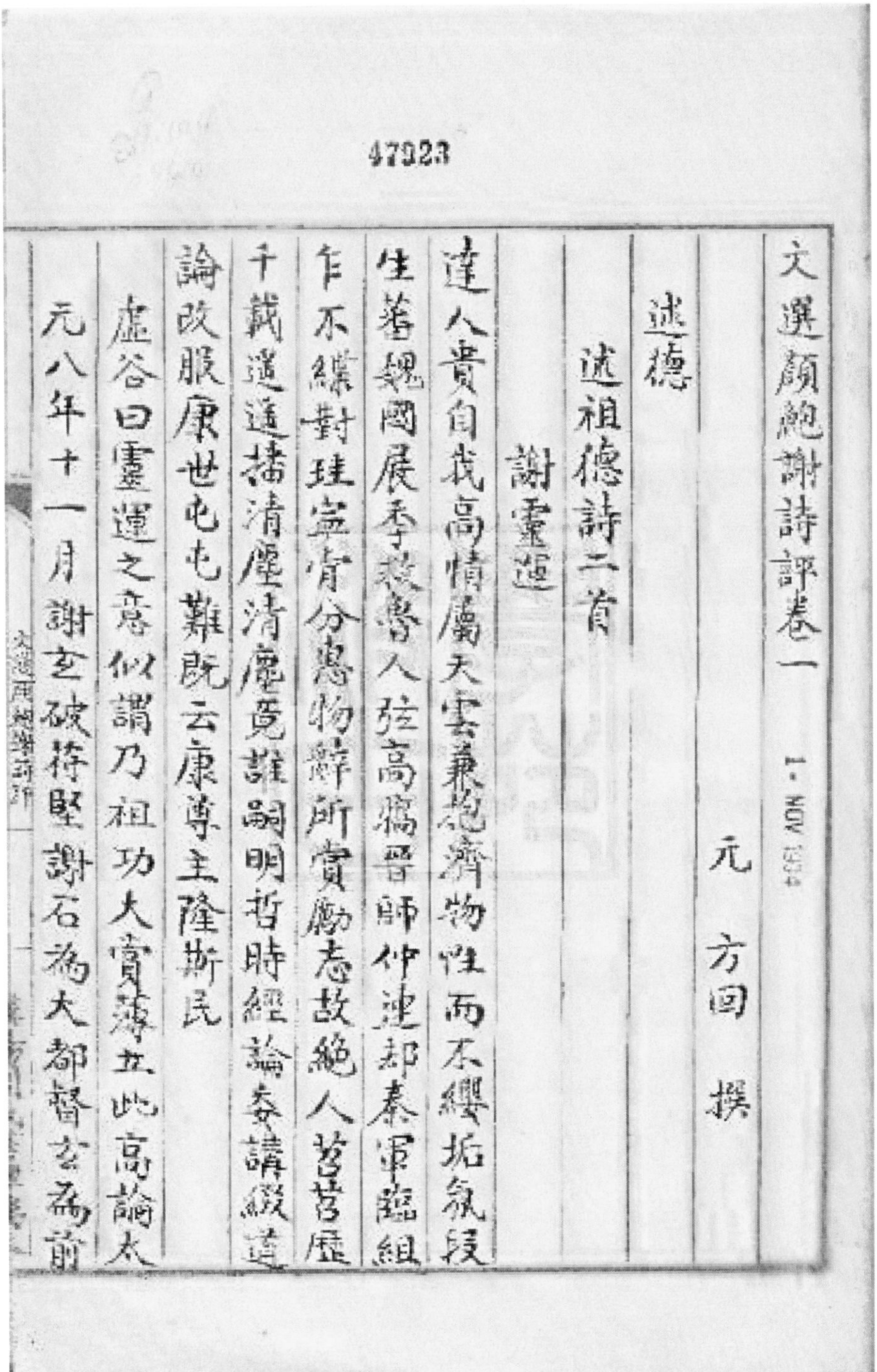

47923

文選顏鮑謝詩評卷一　　　　元　方回　撰

述德

述祖德詩二首　　謝靈運

達人貴自我高情屬天雲兼抱濟物性而不嬰垢氛援

生簪纓國展季梭譽人弦高爲晉師仲連却秦軍臨組

乍不緤對珪寧分惠物辭所實勵志故絕人蒞營歷

千載道遙播清塵覓誰嗣明哲時經論泰講綴道

論改服康世屯屯難既云康尊主隆斯民

虛谷曰靈運之意似謂乃祖功大賞薄五此高論太

元八年十一月謝玄破蒋堅謝石爲大都督玄爲前

《文選顏鮑謝詩評》卷一卷端，清末周貞亮鈔本（書影來自學苑汲古，武漢大學藏）

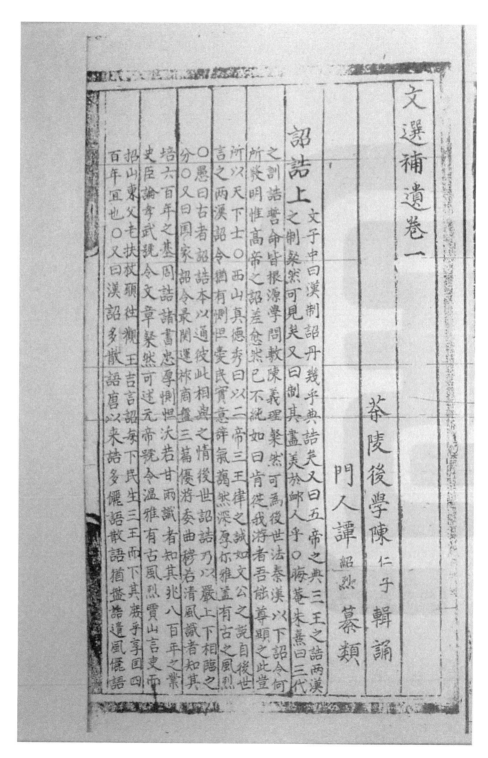

《文選補遺》卷一卷端，明鈔本（國家圖書館藏）

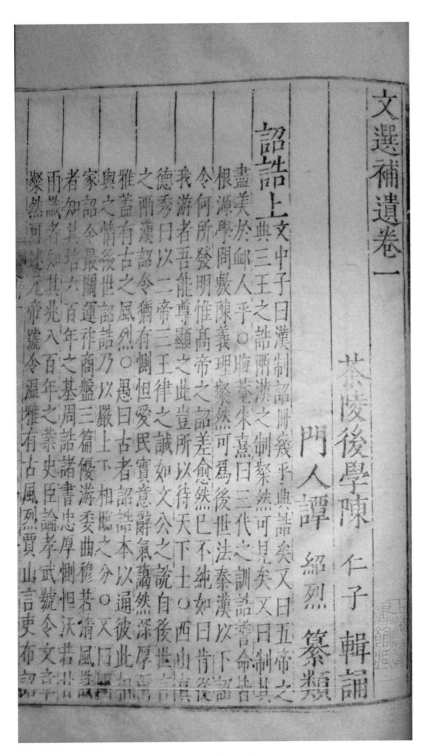

文選補遺卷一

茶陵後學陳　仁子　輯誦

門人譚　紹烈　纂類

詔誥上

文中子曰漢制詔冊幾乎典誥矣又曰五帝之制詔誥兩漢之制詔誥然可見矣又曰三代之訓誥以下寫命此皆根源學問敷陳義理粲然可爲後世法秦漢以下寫令何所發明惟高帝之詔豈所以待天下士西山眞令我游者吾能尊顯之此豈差如文公之詔自後世言之令猶有惻怛愛民實意蔼然深厚德秀曰二帝三王之訓自後世言之雅與之情有古者詔誥本以適彼此相臨之分又曰蓋後世詔誥乃以嚴上下相臨之漢詔令猶有惻怛愛民實意蔼然深厚若沃若北學者本其周誥諸書忠厚武家詔令最關運作商盤三篇優游委曲穆若清風忠厚號令溫雅有古風烈賈山言吏布詔令者而識其者知其若六百年之基兆八百年之業史臣論孝武號令文章粲然可述元帝號令溫雅有古風烈賈山言吏布詔令

文選補遺卷一

茶陵東山後學陳　仁子　輯論

門人譚　紹烈　纂類

詔誥上

典三王之誥兩漢之制粲然可見矣又曰五帝之書三代之訓誥誓命皆其根源學問敷陳義理粲然可爲後世法秦漢以下詔令游者吾能尊顯之此豈所以待天下士乎不純如西山眞令何所發明惟高帝之詔差愈已不如曰肯從詔我令秀曰二帝三王之誠如文公之乾自後世言德以古者詔誥乃愚曰古者詔誥本以遍彼此爾之雅蓋有惻恒愛民實意辭氣藹然深厚又曰國兩漢詔令之風烈○相臨之分以與之情最關運祚商盤三篇優游委曲穆若清風茸藏盜令之基周誥諸書忠厚惻恒若沃若茸藏詔令培六百年之業史臣論孝武號令文章者知其運祚八百年之業古風烈賈山言更令布詔雨識者知其兆元帝號令溫雅有古風烈

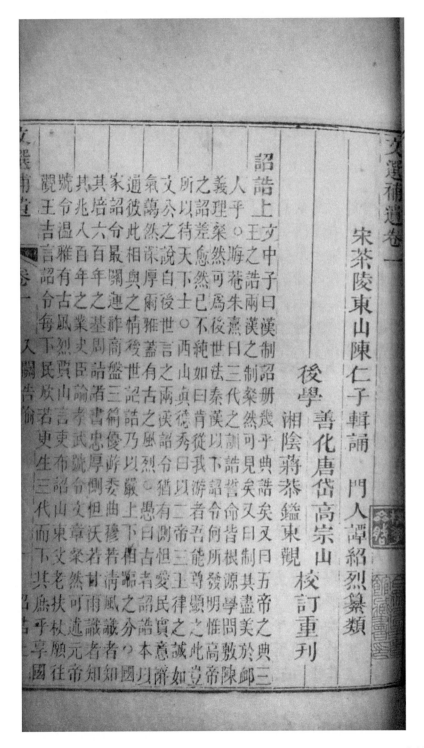

《文選補遺》卷一卷端，清道光二十五年（1845）湖南琅嬛館刻本（上海圖書館藏）

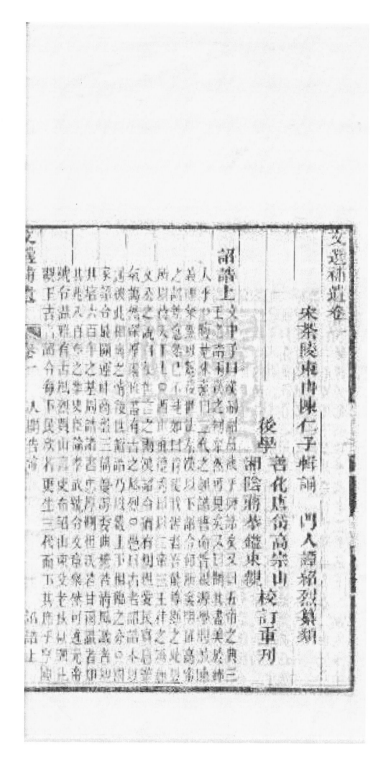

《文選補遺》卷一卷端，清同治刻本（書影來自學苑汲古，北京大學藏）

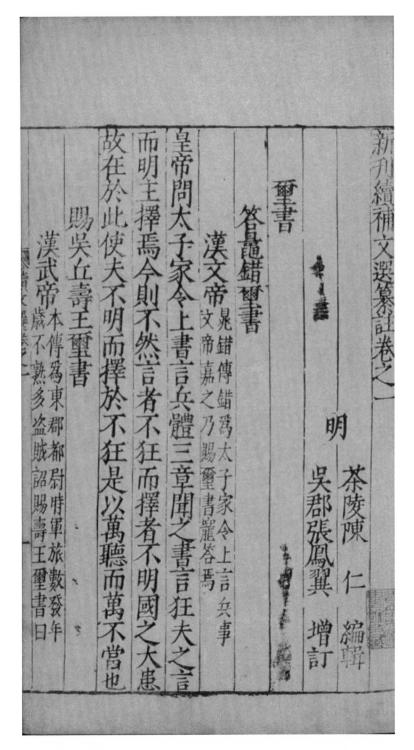

《新刊續補文選纂註》卷一卷端，明萬曆刻本（台北「國家」圖書館藏）

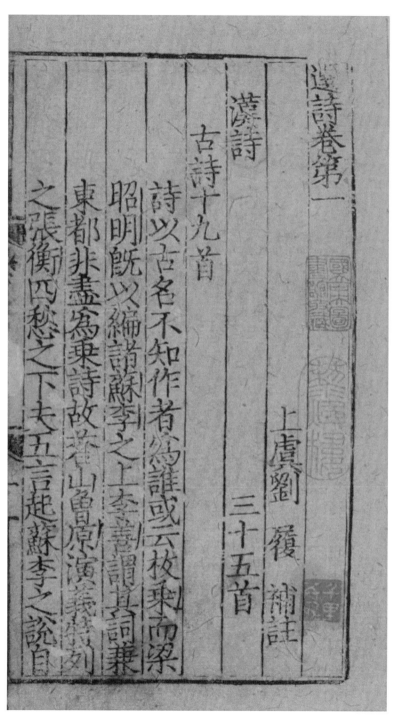

《風雅翼》之《選詩補註》卷一卷端，明正統三年何景春八行二十字刻本（台北「國家」圖書館藏）

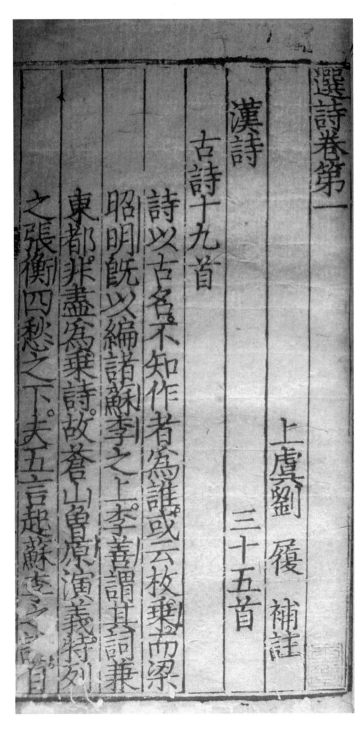

《風雅翼》之《選詩補註》卷一卷端，明正統三年何景春八行二十字刻本（華東師範大學藏）

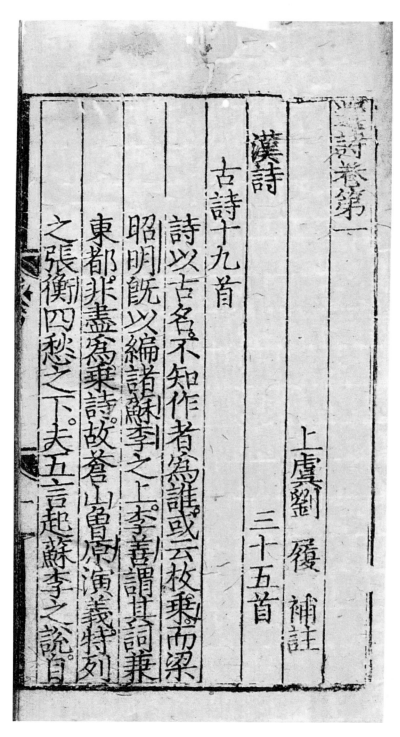

《風雅翼》之《選詩補註》卷一卷端，明正統三年何景春八行二十字刻本（山東大學圖書館藏，見《第二批國家珍貴古籍名錄圖錄》第九冊頁 102）

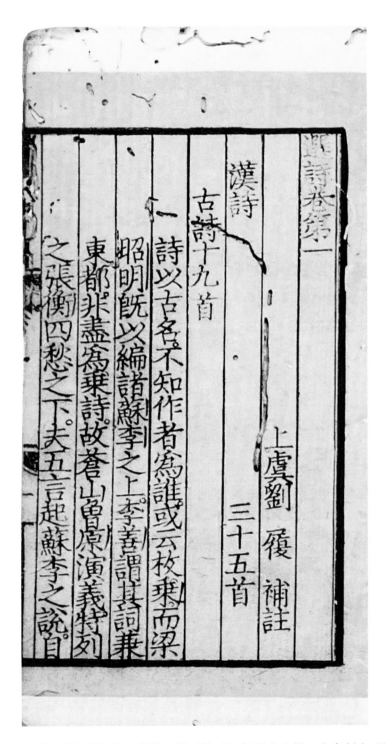

《風雅翼》之《選詩補註》卷一卷端，明正統三年何景春八行二十字刻本（蘇州博物館藏，見《第二批國家珍貴古籍名錄圖錄》第九冊頁 101。）

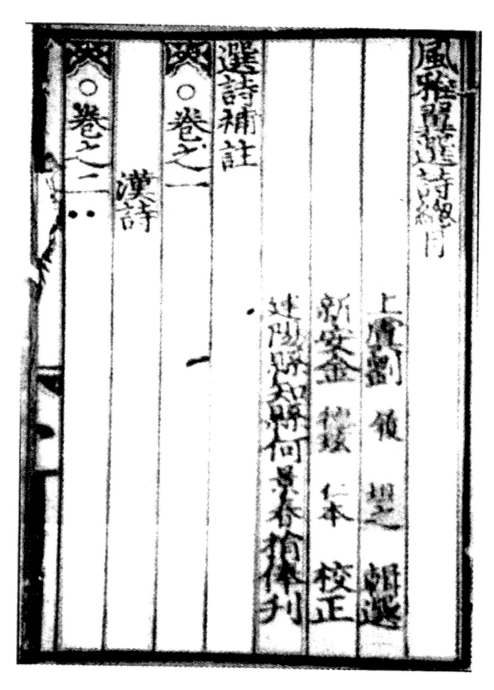

《風雅翼》總目題款，明正統三年（1438）何景春刻八行二十字本（轉錄自范志新《文選版本擷英》，當爲蘇州文管會藏本）

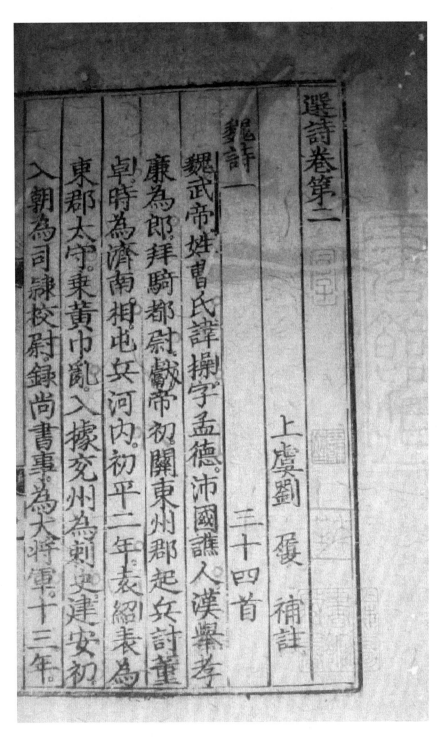

《風雅翼》之《選詩補註》卷二卷端，明正統三年何景春刻本（八行二十字），此部
《補註》卷一配明天順刻本（十行十九字）（上海圖書館藏）

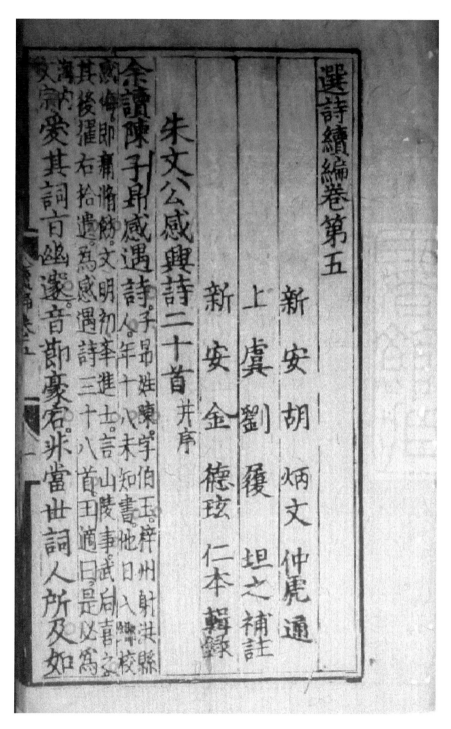

選詩續編卷第五

新安　胡炳文　仲虎　通

上虞　劉　履　坦之　補註

新安　金德玹　仁本　輯錄

朱文公感興詩二十首并序

余讀陳子昂感遇詩，愛其詞旨幽邃音節豪宕，非當世詞人所及。如
感寓之屬，其後繼右拾遺，為感遇詩三十八首。王適曰是必為
海內文宗。即韜晦餘文明初率年進士言山陵事武后喜之其
子昂姓陳學伯玉，梓州射洪縣人十八未知書他日入鄉校

《風雅翼》之《選詩續編》卷五卷端，明正統三年何景春刻本（八行二十字），（上海圖書館藏）

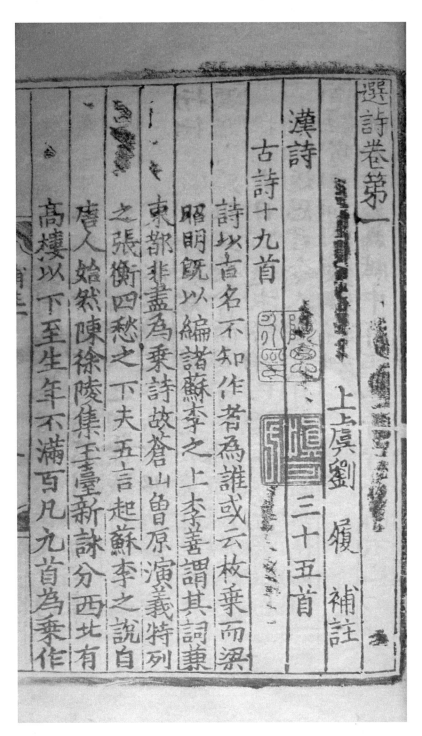

選詩卷第一

漢詩

古詩十九首

詩以音名不知作者為誰或云枚乘而梁
昭明既以編諸蘇李之上李善謂其詞兼
東都非盡為枚詩故蒼山魯原演義特列
之張衡四愁之下夫五言起蘇李之說自
唐人始然陳徐陵集玉臺新詠分西北有
高樓以下至生年不滿百凡九首為枚作

上虞劉　履　補註

三十五首

《風雅翼》之《選詩補註》卷一卷端，明宣德九年（1434）陳本深刻（十行二十字）
本（華東師範大學藏）

《風雅翼》之《選詩補註》卷一卷端，明弘治十四年（1501）王璽十行二十字刻本（南京圖書館藏）

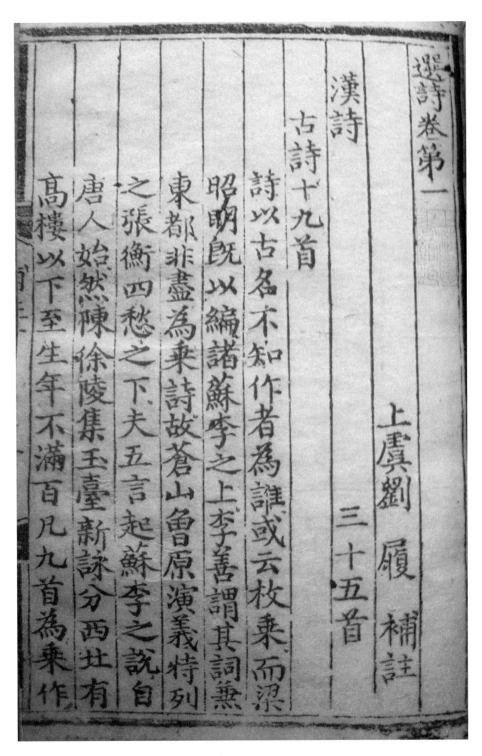

選詩卷第一　　　　　　上虞劉　履　補註

漢詩　　　　　　　　　　　　　　三十五首

古詩十九首

詩以古名不知作者為誰或云枚乘而梁
昭明既以編諸蘇李之上李善謂其詞兼
東都非盡為乘詩故蒼山魯原演義特列
之張衡四愁之下夫五言起蘇李之說自
唐人始然陳徐陵集玉臺新詠分西北有
高樓以下至生年不滿百凡九首為乘作

《風雅翼》之《選詩補註》卷一卷端，明初黑口十行二十字刻本（上海圖書館藏）

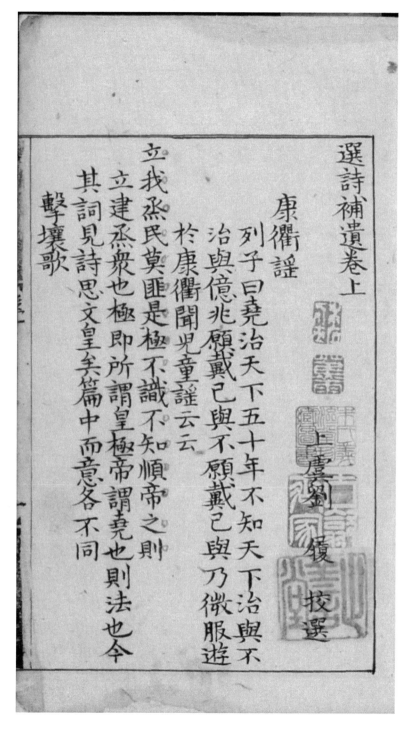

《風雅翼》之《選詩補遺》卷上卷端，十行二十字舊鈔本（存一冊，《補遺》卷上卷下，（台北「國家」圖書館藏）

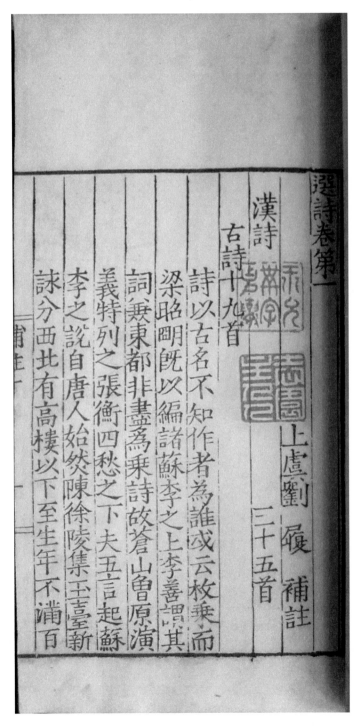

選詩卷第一

漢詩　　　　　上盧劉履補註　　三十五首

古詩十九首

詩以古名不知作者為誰或云枚乘而
梁昭明既以編諸蘇李之上李善謂其
詞兼東都非盡為乘詩故蒼山魯原演
義特列之張衡四愁之下夫五言起蘇
李之說自唐人始焚陳徐陵集玉臺新
詠分西此有高樓以下至生年不滿百

《風雅翼》之《選詩補註》卷一卷端，明天順四年（1460）刻十行十九字本（華東師範大學藏）

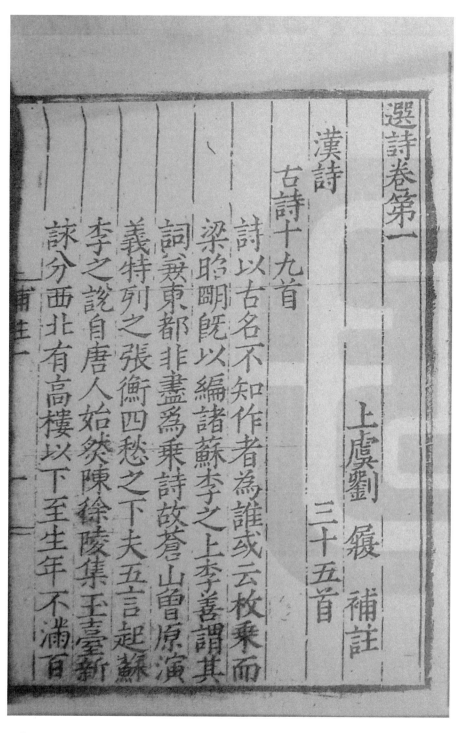

《風雅翼》之《選詩補註》卷一卷端，明嘉靖四年（1525）蕭世賢刻十行十九字本（國家圖書館藏，索書號：12947）

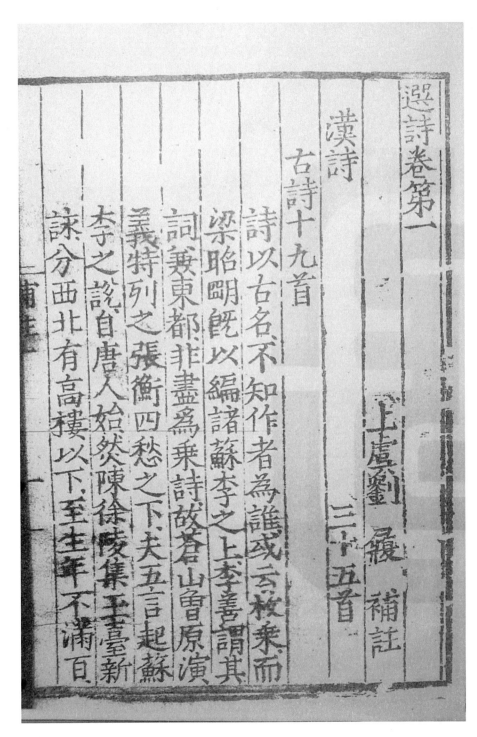

《風雅翼》之《選詩補註》卷一卷端，明嘉靖四年（1525）蕭世賢刻十行十九字本（國家圖書館藏，索書號：19456）

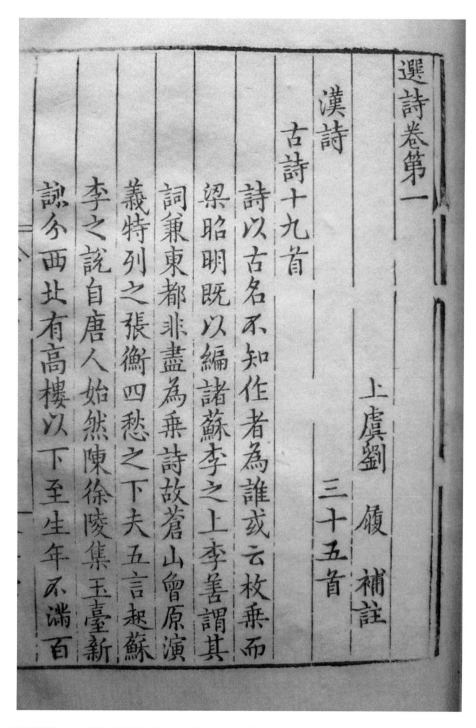

選詩卷第一

上虞劉　　履　補註

漢詩　　　　三十五首

古詩十九首

詩以古名不知作者為誰或云枚乘而

梁昭明既以編諸蘇李之上李善謂其

詞兼東都非盡為乘詩故蒼山曾原演

義特列之張衡四愁之下夫五言起蘇

李之說自唐人始然陳徐陵集玉臺新

詠分西址有高樓以下至生年不滿百

《風雅翼》之《選詩補註》卷一卷端，明嘉靖三十一年（1552）顧存仁養吾堂刻十行十九字本（上海圖書館藏）

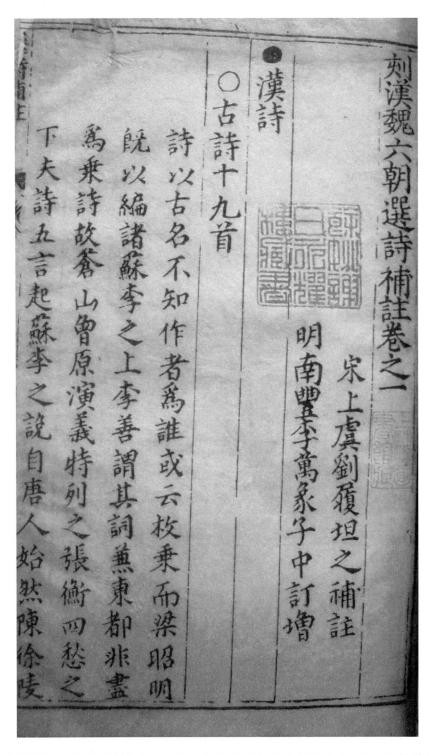

《刻漢魏六朝選詩補註》卷一卷端，明萬曆書籔喬山堂刻本（上海圖書館藏）

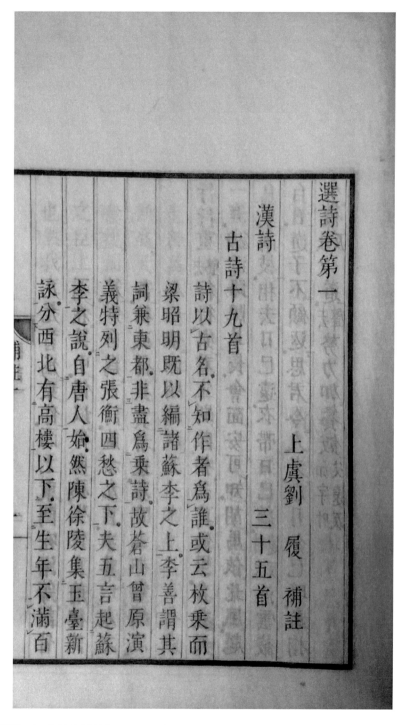

選詩卷第一

上虞劉　履　補註

漢詩　　　　　三十五首

古詩十九首

詩以古名不知作者為誰或云枚乘而

梁昭明既以編諸蘇李之上李善謂其

詞兼東都非盡為乘詩故蒼山曾原演

義特列之張衡四愁之下夫五言起蘇

李之說自唐人始然陳徐陵集玉臺新

詠分西北有高樓以下至生年不滿百

《風雅翼》之《選詩補註》卷一卷端，日本文政三年（1820）和刻本（北京大學圖書
館藏）

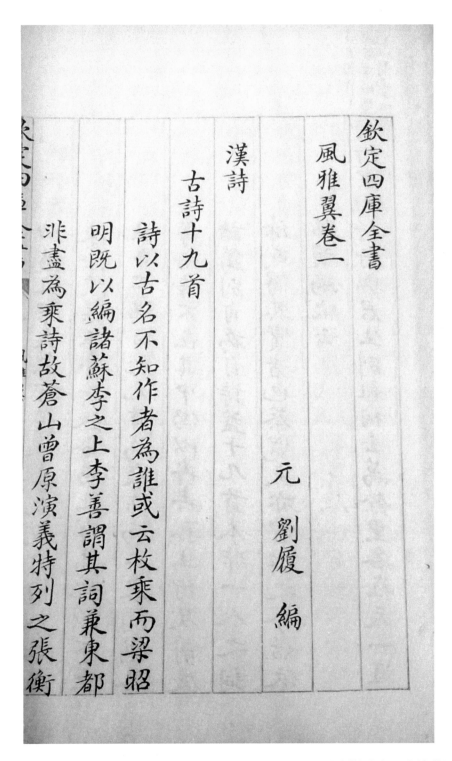

欽定四庫全書

風雅翼卷一

　　　　　　　　元　劉履　編

漢詩

古詩十九首

詩以古名不知作者為誰或云枚乘而梁昭

明既以編諸蘇李之上李善謂其詞兼東都

非盡為乘詩故蒼山曾原演義特列之張衡

《風雅翼》卷一卷端，清抄四庫全書底本（存五卷），（北京師範大學圖書館藏）

《增補六臣注文選》卷四卷端，元大德陳仁子古迂書院刻本（台北故宮博物院藏）

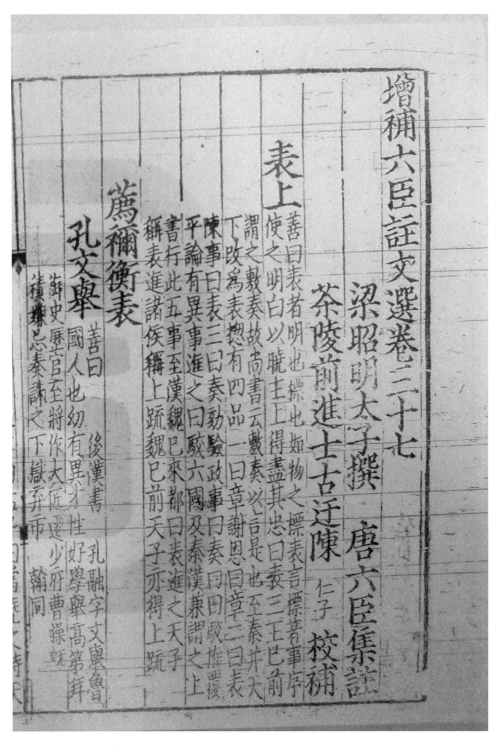

《增補六臣注文選》卷三七卷端，元大德陳仁子古迂書院刻本（國家圖書館藏）

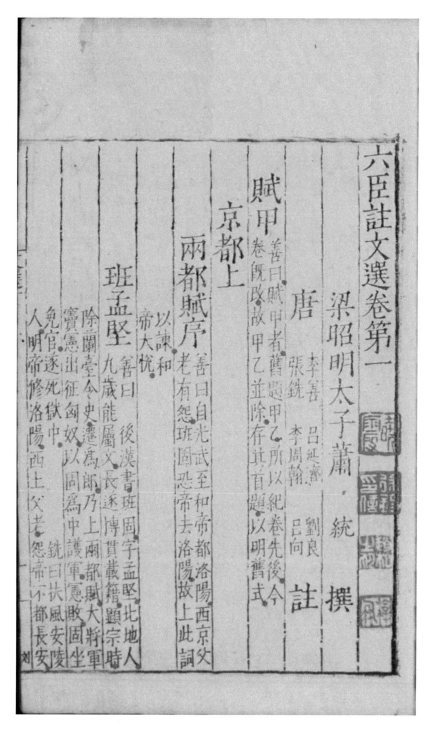

《六臣注文選》卷一卷端，明嘉靖二十八年（1549）錢塘洪楩刊本（台北「國家」圖書館藏）

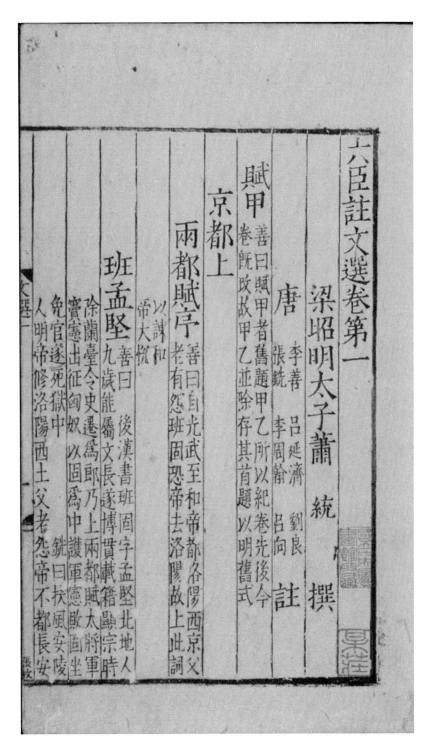

《六臣注文選》卷一卷端，明翻大德陳氏古迂書院刻本（台北「國家」圖書館藏）

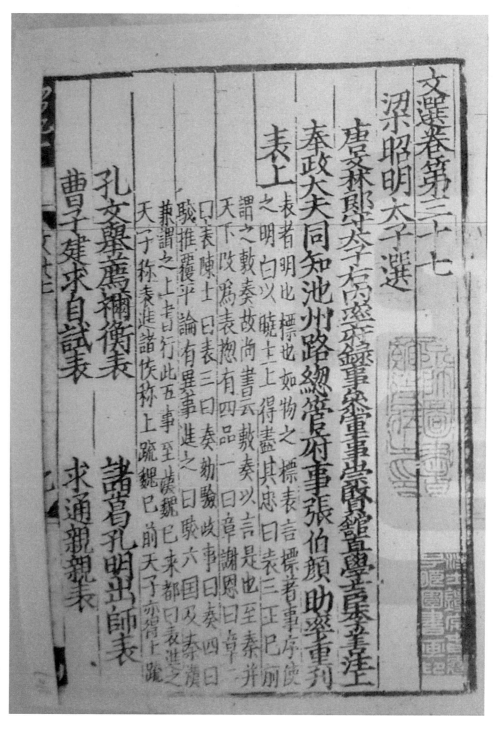

李善注《文選》卷三七卷端，元至治泰定間張伯顏刊本（國家圖書館藏）

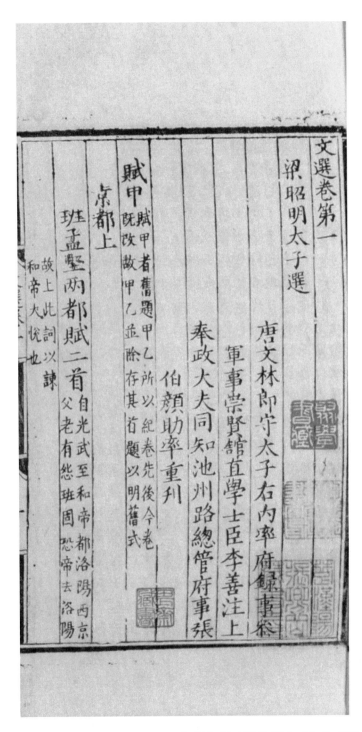

《文選》卷一卷端，明成化丁未（1487）唐藩翻刻元張伯顏本（台北「國家」圖書館藏）

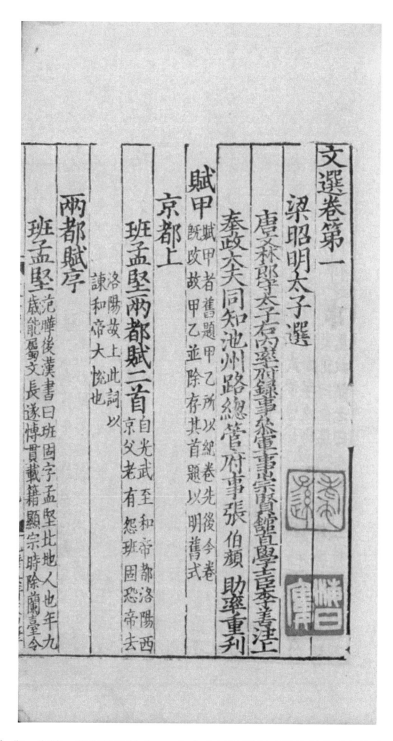

《文選》卷一卷端，明嘉靖元年（1522）金台汪諒覆刻元張伯顏本（台北「國家」圖書館藏）

致　謝

　　本文的完成首先要感謝業師魏崇武先生的精心指導，老師人品貴重，碩士三年來教會我做事與做人。感謝羅國威先生多年來在學術上對我的引導和幫助，此次出版，更是得先生推薦。

　　感謝李軍老師、李鳴老師開題時對我論文提出的寶貴意見。感謝史禮心老師、王媛老師對本論文的評審意見。感謝陳偉文老師對本論文細緻的批評指正。感謝李仲祥老師在論文寫作過程中提供的資料幫助。

　　感謝王紅老師用行動教我善良澄澈，感謝已故的劉黎明老師對我的思想啓蒙。

　　感謝花興、劉建立、呂東超、鍾彥飛、賀培、侯宇亮、吳懿純、韓秀麗、許振寰等，陪我走過碩士三年。

　　感謝父母多年的辛勤付出、小羊多年的守候。感謝堂叔祖羅憲華先生多年的引導和關心，此書是對你多年付出的一絲回報。

　　另，本次論文修訂重點在版本考上，實物版本知識獲得多得益於導師陳正宏先生，在此致謝。本次收集整理資料，要特別感謝韓進老師、呂東超、鍾彥飛、許超傑、陳騰、胡媚媚、龔宗傑、李開升、金蘭園、林振岳。

2015 年 4 月 10 日補記